法律专家为民说法系列丛书

法律专家
教您如何打继承官司

潘 巍 马 瑞 张国栋 编著

吉林文史出版社

图书在版编目（CIP）数据

法律专家教您如何打继承官司 / 潘巍，马瑞，张国
栋编著. — 长春：吉林文史出版社，2013.9
（法律专家为民说法系列丛书 / 刘岩主编）
ISBN 978-7-5472-1691-0

Ⅰ．①法… Ⅱ．①潘… ②马… ③张… Ⅲ．①继承法
－基本知识－中国 Ⅳ．①D923.5

中国版本图书馆 CIP 数据核字 (2013) 第 222355 号

法律专家教您如何打继承官司

编　著	潘　巍　马　瑞　张国栋
责任编辑	李相梅
责任校对	宋茜茜
丛书主编	刘　岩
封面设计	清　风
美术编辑	李丽薇
出版发行	吉林文史出版社（长春市人民大街 4646 号）
	全国新华书店经销
印　刷	三河市祥宏印务有限公司
开　本	720mm × 1000mm　1/16
印　张	12
字　数	100 千字
标准书号	ISBN 978-7-5472-1691-0
版　次	2015 年 7 月第 1 版
印　次	2018 年 6 月第 3 次印刷
定　价	35.00 元

如发现印装质量问题，影响阅读，请与印刷厂联系调换。

法律专家为民说法系列丛书

编委会

主 编

刘 岩

副主编

马宏霞　孙志彤

编 委

迟 哲	赵 溪	刘 放	郝 义
迟海英	万 菲	秦小佳	王 伟
于秀生	李丽薇	张 萌	胡金明
金 昊	宋英梅	张海洋	韩 丹
刘思研	邢海霞	徐 欣	侯婧文
胡 楠	李春兰	李俊焘	刘 岩
刘 洋	高金凤	蒋琳琳	边德明

PREFACE

【前言】

　　我国的《继承法》是根据《中华人民共和国宪法》规定,为保护公民的私有财产的继承权,制定法律,于1985年颁布实施,迄今已逾二十八年。然而,说起遗产继承,很多人仍旧抱着活时讳言死亡的传统观念,认为这个问题似乎离自己还很遥远。但随着经济社会快速发展,社会的进步,个人财富的积累,婚姻家庭和各种社会关系的发展演变,继承案件数量不断增多,新案件类型不断出现,越来越多的遗产问题已凸显出来。主要体现在法定继承方面,由于很多财产所有人生前没有订立遗嘱,导致后人为争夺遗产反目成仇。也有人立有遗嘱,但由于对法律不熟悉,不知道什么样的遗嘱才合法有效,有的将他人的财产当成自己的财产纳入遗嘱,有的剥夺了没有生活来源和劳动能力的被抚养人的继承权,有的分不清什么是遗产继承,什么是遗赠,有的立有数份遗嘱,这些都是产生遗产纠纷的根源。

和谐经济是构建和谐社会的关键,《继承法》作为民法的重要组成部分,直接关系到公民财产所有权的保护。为了帮助广大读者了解《继承法》以及相关司法解释的重点内容,我们精心编写了本书。本书以问答的形式,结合相关司法解释的规定,将详尽问题归类解释,可以使读者快速、全面掌握《继承法》。

由于编者水平有限,书中如有不足之处,还请读者不吝改正。

目录
CONTENTS

1.互有继承关系的几个人在同一事件中死亡时继承人的确定?

根据最高人民法院关于《贯彻执行〈中华人民共和国继承法〉若干问题的意见》第二条"相互有继承关系的几个人在同一事件中死亡,如不能确定死亡的先后时间的,推定没有继承人的人先死亡。死亡人各自都有继承人的,如几个死亡人辈分相同,推定同时死亡,彼此不发生继承,由他们各自的继承人分别继承。"

(1)无继承人的人先死亡;

(2)都有继承人的,长辈先死亡;

(3)辈分相同的,同时死亡,彼此不发生继承法律关系。

案例:

母子二人(单亲家庭),在某天夜晚熟睡时,因煤气中毒同时死亡,母亲名下有房产及现金若干元,问:这些财产应由哪些继承人继承。

专家解析:

本案中同时死亡的母子互有第一顺序继承关系,对于此种继承纠纷关键是如何确定死亡先后顺序。根据最高人民法院《关于贯彻执行〈中华人民共和国继承法〉若干问题的意见》第二条规定,本案推定母亲先死亡,儿子后死亡,母亲死亡后,其财产应由儿子继承,但儿子也死亡,儿子的财产就应由有继承权的继承人继承。根据《中华人民共和国继承法》的规定,本案中应当按以下方式进行继承:在本案中虽然是单亲家庭,父亲如果健在,那么第一顺序继承人就应该是儿子的父亲。如果父亲已经过世,根据《继承法》规定,应由第二顺序继承人继承,第二顺序:兄弟姐妹、祖父母、外祖父母。

2.如何放弃继承权?

《继承法》第二十五条第 1 款规定:继承开始后,继承人放弃继承的应当在遗产处理前,作出放弃继承的表示。没有表示的视为接受继承。首先依据此条继承权利的放弃必须采取明示的方式。其次这种明示的方式一般以书面为原则,口头为特殊情况。《继承法意见》第四十七条规定:继承人放弃继承应当以书面形式向其他继承人表示。用口头方式表示放弃继承,本人承认,或有其他充分证据证明的,也应当认定其有效。从此条款中可见, 只有本人承认放弃或者有其他证据充分证明口头放弃方才有效。最后在《继承法意见》第四十八条规定:在诉讼中,继承人向人民法院以口头方式表示放弃继承的,要制作笔录,由放弃继承的人签名。也可以用这样的方式表示放弃继承权。

案例:

妻子商某为给其母亲治病向他人借钱后不到一年便遭遇车祸意外去世, 债权人为保护自己债权将借款人的一儿周某强一女周某红告上法庭,要求判令二继承人代为偿还被继承人欠款。

原告遂于同日向×××人民法院提起诉讼，要求二被告偿还欠款本息。诉讼中，被告周某红作为借款人商某的法定继承人，放弃对商某遗产的继承。法院基于被告周某红放弃遗产继承权的事实依法对该案做出判决，驳回原告要求女儿周某红清偿欠款的诉讼请求，儿子在继承遗产内偿还债务。

专家解析：

原告与被告商某之间的借贷关系明确，合法有效。因借款人商某死亡，其法定继承人周某强、周某红应为本案的被告，但被告周某红已书面表示放弃对其母商某的遗产继承，故对商某所欠原告的借款被告周某红不承担清偿义务。商某所欠原告借款应以其遗产进行清偿，因此法院判令被告周某强以商某遗产清偿债务，同时依法驳回原告要求被告周某红清偿欠款的诉讼请求。

3.如何写放弃继承权声明书？

放弃继承权声明书就是有继承权的人以书面形式，放弃自己享有的继承他人遗产权利的意思表示的一声明文书。

放弃继承权声明书

声明人：×××，性别：×，××年××月××日出生，身份证号码：××××。现住：×××××××

被继承人×××于××年××月××日在××××(地点) 死亡。死亡后遗留有如下遗产：××××××(如：位于××市××区×××号房产的二分之一产权)。

我是被继承人的配偶(父亲、母亲、儿子、女儿)。根据《中华人民共和国继承法》第十条规定，我是被继承人的合法继承人之一，对被继承人死亡时遗留的上述遗产享有合法继承权。

现本人郑重声明：对上述遗产，我自愿无条件放弃继承权。

以上情况均真实无误，如有虚假，我愿承担由此而引起的一切经济和法律责任。

特此声明

声明人：××
××年××月××日

4.可否以放弃继承权为由拒绝赡养父母？

❖　　❖　　❖

《老年人权益保障法》第十五条第一款规定，"子女对父母不得以放弃继承权或者其他理由，拒绝履行赡养义务"。放弃继承权不能以不承担赡养义务为条件。赡养父母是子女的法定义务，它不会因为任何人的约定而消失。

案例：

刘大爷今年78岁，老伴已去世。他有两个孩子，一儿一女，其中大女儿结婚后独立生活,小儿子一家自己没有住房,和刘大爷住在一起并承担照料他的义务,这期间女儿从来没有给父亲拿过赡养费。一年前,刘大爷生病住院,便让大女儿拿赡养费,大女儿找到刘大爷,称放弃房子继承权,也不再承担照顾老人的责任,要与刘大爷及小儿子签订协议。刘大爷非常伤心,他想问一问,大女儿这样做有没有道理?

专家解析:

刘大爷的大女儿对刘大爷有赡养义务,她可以放弃将来的继承权,但不能因此而免除赡养义务。赡养和继承权的放弃是两个完全不同的法律概念,不能混为一谈。赡养,主要是指在经济上为父母提供必需的生活用品和费用的行为,即承担一定的经济责任,提供必要的经济帮助,给予物质上的支持,子女是对父母在经济上的供养、生活上的照料及精神上的慰藉。

我国《继承法》第二十五条规定:继承开始后,继承人放弃继承的,应当在遗产处理前,作出放弃继承的表示。没有表示的,视为接受继承。继承人放弃继承的意思表示只有在父母去世、继承开始后、遗产分割前做出,才能放弃继承权,否则其放弃的行为是无效的,各方仍然享有继承权。继承权是公民的一项基本权力,继承人可以根据自己的意志决定接受还是放弃。虽然刘大爷的大女儿表示放弃房屋的继承权,但这只能产生继承权放弃的法律效力,并不能依此为由拒绝履行赡养义务。法律也并未规定女儿出嫁可免除赡养义务。《婚姻法》第二十一条第一款规定:父母对子女有抚养教育的义务;子女对父母有赡养扶助的义务。第三款规定:子女不履行赡养义务时,无劳动能力的或生活困难的父母,有要求子女付给赡养费的权利。现刘大爷因病痛导致生活困难,有权要求女儿给付赡养费。女儿赡养父母不仅是道德要求,也是法定义务,子女不履行赡养父母的义务的,不仅应受到道德谴责,还可追究其法律责任。《中华人民共和国老年人权益保障法》第二章第十五条规定:赡养人不得以放弃继承权或者其他理由,拒绝履行赡养义务。也就是说赡养人赡养父母的义务是法定的,是必须履行的,赡养父母是法定义务,不因放弃继承权而免除,除非赡养人完全丧失赡养能力,否则是无条件的。如果拒不履行,刘大爷可以根据《中华人民共和国老年人权益保障法》第四十五条规定:老年人与家庭成员因赡养、扶养或者住房、财产发生纠纷,可以要求家庭成员所在组织或者居民委员会、村民委员会调解,也可以直接向人民法院提起诉讼。《中华人民共和国老年人权益保障法》第四十七条规定:暴力干涉老年人婚姻自由或者对老年人负有赡养义务、扶养义务而拒绝赡养、扶养,情节严重构成犯罪的,依法追究刑事责任。

5.债务人放弃继承权,债权人可否行使撤销权?

依据《中华人民共和国合同法》第七十四条规定:因债务人放弃到期债权或者无偿转让财产,对债权人造成损害的,债权人可以请求人民法院撤销债务人的行为。债务人以明显不合理的低价转让财产,对债权人造成损害,并且受让人知道该情形的,债权人也可以请求人民法院撤销债务人的行为。

继承权的取得固然与债务人的个人身份有着紧密的联系，但继承一旦发生，则表现为一种财产上的权利，因此放弃继承归根结底体现为一种财产关系，如果因放弃继承的行为对债权人的债权造成损害，则应当可对此行为行使撤销权。

案例：

李某向高某借款15万元未还，高某于2005年诉讼至法院，法院作出判决，李某在判决发生法律效力之日起30日内偿还高某借款本金15万元。2005年12月，高某向法院申请强制执行，因李某无力偿还，故该笔款项未能执行，进入中止执行程序。

李某、李某的姐姐均系秦某的女儿，秦某于2007年7月21日因病死亡，留有财产现金47万元。2007年10月15日，李某及其姐姐在某公证处办理秦某的遗产继承公证。公证处出具公证书，李某放弃继承权，将属于自己的部分赠与其姐姐，秦某所留现金47万由李某姐姐继承。高某遂诉至法院，要求确认李某放弃继承遗产份额的行为无效。

专家解析：

根据《中华人民共和国民事诉讼法》第二百一十二条规定：发生法律效力的民事判决、裁定，当事人必须履行。一方拒绝履行的，对方当事人可以向人民法院申请执行，也可以由审判员移送执行员执行。李某欠高某借款15万元未还的事实已被生效判决所确定，并应在判决发生法律效力之日起30日内归还借款本金15万元，李某应履行生效判决。

李某的母亲秦某去世，李某作为法定继承人，其对秦某的遗产享有继承的份额。李某在明知其尚欠高某借款15万元未还的情况下，放弃继承秦某遗产导致其履行债务不能，对高某行使债权造成损害，倘若秦某在生前留有遗嘱,将现金全部给其长女,或者李某本人对秦某犯有《中华人民共和国继承法》第七条所规定的丧失继承权:(一)故意杀害被继承人的;(二)为争夺遗产而杀害其他继承人的;(三)遗弃被继承的,或者虐待被继承人情节严重的;(四)伪造、篡改或者销毁遗嘱,情节严重的。而在没有上述情况发生的情况下,李某在明知不能清偿债务的情况下放弃继承的财产,明显影响其清偿债务的能力,亦有悖于诚信原则。

在本案中,李某能够取得法定继承人的资格,无疑是基于其特定的身份关系,但继承发生时,其放弃继承的行为直接指向的是财产权利,倘若因此而损害债权人的债权,债权人可以根据前述法律规定,行使撤销权。高某以撤销权提起诉讼,符合行使撤销权的法定要件。《中华人民共和国民事诉讼法》第六十四条、《最高人民法院关于贯彻执行〈中华人民共和国继承法〉若干问题的意见》第四十六条之规定:继承人因放弃继承权,致其不能履行法定义务的,放弃继承权的行为无效。因此,高某要求确认李某放弃继承的行为无效的诉讼请求成立。

6.夫妻一方放弃继承权,是否侵害对方的合法权益?

夫或妻一方放弃继承所得遗产的权利,不视为对配偶方财产权的侵犯,因配偶方对继承人父母的遗产本身就不享有同等继承的权利。接受与否是继承人的独立处分权,配偶方无权干涉。通俗点讲,继承人接受了父母的遗产,是配偶方偏得。继承人放弃了父母的遗产,配偶方也不应该觉得遗憾,因为该项遗产权利的取得,就是基于继承人而来,没什么不公平的。

案例:

原被告 2001 年登记结婚。2010 年 1 月男方父亲去世,留下不菲的财产。男方有兄弟姐妹三人,男方认为自己的经济条件还可以,而其他兄弟姐妹经济条件较差,因此主动放弃自己的继承权。女方知道后,非常不满,认为公公去世后,自己丈夫继承的一份,应该是自己夫妻的共同财产,现在丈夫放弃继承,是侵害了妻子的共同财产。1 月 16 日男方以公证的方式放弃继承该财产。2010 年 2 月 5 日女方起诉要求继承公公的遗产, 女方认为男方以放弃继承的财产应是婚姻关系存续期间已由男方继承取得,属夫妻共同财产等为由,起诉到法院,请求判令放弃行为无效,并对财产进行分割。男方认为放弃继承父亲财产,无需征得原告同意,且继承遗产与否,并不影响其应尽的义务,其放弃继承的行为应是合法有效。

法院认为,被告的放弃行为,虽然会影响到原告可主张的夫妻共同财产的多少,但这只涉及被告对自己权利的处分,却不涉及被告对原告法定义务的履行,应属合法有效,故原告要求分割上述财产的诉讼请求不能得到支持。

2010 年 6 月 12 日人民法院宣判,判决驳回原告要求分割公公遗产的诉求,即认定了被告放弃的应是遗产继承权,并不是夫妻关系存续期间的共同财产,被告的放弃行为是合法有效的。

专家解析:

本案中,男方的父亲未订立遗嘱将遗产归其哪个子女独有,按照法定继承的方式,男方作为法定继承人之一,有权继承其父亲留有的遗产,按照继承人数多少享有一定比例的遗产份额。男方享有的遗产份额可以作为夫妻共同财产,但分割的前提是男方必须同意承受该遗产。男方作为遗产承受人,其有权独立决定接受遗产,还是放弃遗产,这种处分权不受具有丈夫身份的限制,女方无权干涉。虽然接受与放弃会影响到配偶方分得财产的多少,但是配偶方对该财产的取得本来就基于继承人的继承而得来,配偶方不能跨越继承人而伸张该项遗产,即不能越俎代庖。对遗产的接受与放弃是继承人独享的处分权,他人不得越权,更无权主张其放弃不合法。即使放弃继承权有使配偶方分不到遗产的嫌疑,但配偶方也无权阻挠,无权主张放弃继承权无效。

根据《最高人民法院〈关于审理离婚案件处理财产分割问题的若干具体意见〉》第二条规定,夫妻双方在婚姻关系存续期间所得的财产,为夫妻共同财产,包括:(1)一方或双方劳动所得的收入和购置的财产;(2)一方或双方继承、受赠的财产;(3)一方或双方由知识产权取得的经济利益;(4)一方或双方从事承包、租赁等生产、经营活动的收益;(5)一方或双方取得的债权;(6)一方或双方的其他合法所得。从法律规定来看,该案要辨析放弃的是遗产继承权还是夫妻共同财产,就要把握好三个时点问题,即继承的时间和继承权转化为夫妻共同财产的时点。

依照我国继承法的规定,继承的时点即继承从被继承人死亡时开始,继承权人是从继承开始时取得了继承权,被告于其父去世之日就取得了继承权。继承权是可以放弃的,继承法规定,继承开始后,继承人放弃继承的,应当在遗产处理前,作出放弃继承的表示,没有表示的,视为接受继承,继承权的放弃是继承权人单方面的意思表示,无须经他人同意。

《中华人民共和国婚姻法》第十七条规定:夫妻在婚姻关系存续期间所得的以下财产,归夫妻共同所有:(一)工资、奖金;(二)生产、经营的收益;(三)知识产权的收益;(四)继承或赠与所得的财产,但本法第十八条第三项规定的除外;(五)其他应当归共同所有的财产。夫妻对共同所有的财产,有平等的处理权。"所得"两字描述了这一财产的性质,是得到了的财产,而非期待的财产。

从领取结婚证开始,到夫妻关系解除或一方死亡为止的整个期间内的劳动所得、生产经营所得、投资所得、知识产权的收益、继承和赠与所得,以及其他合法所得都是夫妻共同财产。夫妻关系存续期间,即使双方未同居、或分居两地,也不论财产是一方或者双方分别管理,使用,只要是婚后所得财产,都是夫妻共同财产。但是遗嘱或赠与合同中确定只归夫或妻一方的财产除外。

财产继承权是指公民依法享有的承受被继承人死亡后遗留的合法财产的权利。继承权是一种财产权,与一般财产权不同的是,继承权与继承人的人身有密不可分的联系,具有明显的人身性质,与人身有密切联系的权利优先于一般财产权,因此,有关亲属权、继承权也应当优先于物权债权等财产权。相对于其他夫妻共同财产来说,有人身性质的继承权比较特殊,作为特定的继承人,放弃继承权只是对自己权利的处分,与配偶无关。配偶没有继承对方父母遗产的权利,因此在法律上配偶也不享有对此财产的请求权。没有财产请求权,自然也谈不上一方放弃继承权是对另一方权益的侵害。

因此,男方放弃遗产继承权,是依法处分个人财产权利,无需征得他人许可。

7.什么样的情况下会丧失继承权?

继承权的丧失又称为继承权的剥夺,是指依照法律的规定在发生法定事由时取消继承人继承被继承人遗产的资格。继承权丧失是有法定事由的一般如下:

(1)继承人故意杀害被继承人的。

首先,是继承人实施了杀害被继承人的行为。其次,继承人主观上须有杀害的故意。第三,不论杀害的动机如何。最后,在结果上不论既遂还是未遂。既遂就是指达到杀害被继承人的目标,未遂是指没有达到杀害被继承人的目的。

(2)继承人为争夺遗产而杀害其他继承人的。

首先,继承人杀害的对象是其他被继承人。其次,杀人的动机是为了争夺遗产。最后,在主观上必须是故意,也就是说在杀害其他继承人的时候必须是故意为之。

(3)遗弃被继承人的,或者虐待被继承人情节严重的。

继承人遗弃被继承人是指继承人对没有劳动能力又没有生活来源

和没有独立生活能力的被继承人拒不履行抚养义务。这里所说的遗弃不等同于刑法意义上的遗弃。只要继承人有此种行为,就构成遗弃不要求是否被追究刑事责任。

虐待被继承人是指继承人在被继承人生前对其以各种手段进行身体上或者精神上的摧残或折磨。虐待被继承人不一定会丧失继承权,只有虐待情节严重才丧失继承权。根据《继承法意见》第十条继承人虐待被继承人情节是否严重,可以从实施虐待行为的时间、手段、后果和社会影响等方面认定。

虐待被继承人情节严重的,不论是否追究刑事责任,均可确认其丧失继承权。

(4)伪造、篡改或者销毁遗嘱,情节严重的。

伪造遗嘱,是指继承人以被继承人的名义制作假遗嘱。

篡改遗嘱,是指继承人改变被继承人所立的遗嘱的内容。

销毁遗嘱,是指继承人将被继承人所立的遗嘱完全破坏、毁灭。

继承人伪造、篡改或者销毁遗嘱,并不是就丧失了继承权,只有情节严重的才丧失继承权。"情节严重"是指侵害了缺乏劳动能力又无生活来源的继承人利益,并造成其生活困难的。《继承法意见》第十四条规定:"继承人伪造、篡改或者销毁遗嘱,侵害了缺乏劳动能力又没有生活来源的继承人的利益,并造成其生活困难的,应认定其行为情节严重。"

案例 1:

李大娘老伴已去世,现有两个儿子都已成家,其中小儿子下岗,没有房产,并且体弱多病,生活非常困难。李大娘考虑到小儿子的状况,就留下如下遗嘱,把自己名下的房产留给小儿子,现金八万元留给大儿子。老人去世以后,大儿子收拾老人的房间,发现了这份遗嘱,就把这份遗嘱的两个继承人的名字改了,李大娘名下的房产归大儿子继承,现金八万元归小儿子继承。这份遗嘱后来被鉴定机关鉴定为确经篡改过的遗嘱。小儿子向法院起诉,要求法院确认刘大娘的遗产由自己继承,哥哥丧失继承权。

专家解析:

继承权的丧失可分为绝对丧失与相对丧失。继承权的绝对丧失,又称继承权的终局丧失,是指因发生某种法定事由,继承人的继承权终局的丧失,该继承人绝对不能享有继承权。继承权的相对丧失,又称继承权的非终局丧失,是指因发生某种法定事由继承人的继承权丧失,但在具备一定条件时继承人的继承权最终也可不丧失。依据《中华人民共和国继承法》第七条第四款的规定:"伪造、篡改或者销毁遗嘱,情节严重的,丧失继承权。"《最高人民法院关于贯彻执行〈中华人民共和国继承法〉若干问题的意见》第十四条规定:"继承人伪造、篡改或者销毁遗嘱,侵害了缺乏劳动能力又无生活来源的继承人的利益,并造成其生活困难的,应认定其行为情节严重。"

本案中,哥哥为多分遗产占取房屋而篡改了遗嘱,侵害了无劳动能力又体弱多病继承人弟弟的利益,导致弟弟生活困难。因此,哥哥丧失继承权,由弟弟继承父亲的全部遗产。

案例 2:

刘某和王某 2005 年登记结婚,婚后夫妻之间经常因为家庭琐事吵吵闹闹。2013 年 4 月份,王某在一次吵架后,一时气愤喝药自杀。刘某在料理完丈夫的丧事后,要求继承丈夫的遗产。在刘某是否有资格继承王某的遗产,刘某和王某的父母各执一词,互不相让。刘某遂起诉至法院。

专家解析:

根据《中华人民共和国继承法》第七条规定:继承人有下列行为之一的,丧失继承权:(一)故意杀害被继承人的;(二)为争夺遗产而杀害其他继承人的;(三)遗弃被继承的,或者虐待被继承人情节严重的;(四)伪造、篡改或者销毁遗嘱,情节严重的。本案中被继承人王某因夫妻矛盾自杀身亡,其死亡与刘某虽有一定的因果关系,但不是丧失继承权的法定情形,王某自杀不是刘某故意为之。因此刘某并未丧失继承权,其仍有资格继承王某的遗产。

案例3:

老人徐某去世后留下30万元动迁款和6万余元存款,由于徐某多年来一直独自居住,也没有亲人来往,一向被作为"孤老"看待。区街道办事处就将老人的这两笔遗产分别保管。不久后,一位自称徐某丈夫的杨某来到办事处要求以配偶身份继承徐某的遗产。办事处经过仔细查明,杨某确系徐某的合法丈夫,但多年来与徐某毫无往来,并且早在二十多年前就与另一女子另行结婚,并育有三个子女,存在重婚行为。于是,作为财产代管单位街道办事处对杨某的继承资格产生了怀疑,不承认他的继承权。2005年,杨某诉至法院,要求街道办事处归还代为保管的财产。法院依据我国《继承法》的规定,导致继承权丧失的法定事由有以下四种情形:(1)故意杀害被继承人的(2)为争夺遗产而杀害其他继承人的(3)遗弃被继承人的,或者虐待被继承人情节严重的。(4)伪造、篡改或者销毁遗嘱,情节严重的。重婚行为并不在此列,所以即使杨某存在重婚的行为,也不影响他作为配偶享有徐某遗产继承权的事实。据此,法院确认杨某为徐某的合法继承人。此案最终调解解决,杨某获得了30万动迁款,而6万余元存款则由徐某的其他近亲属分别继承。

专家解析:

《继承法》中没有将重婚行为确定为继承权丧失的法定事由,但依据《继承法》的整体立法精神和公序良俗的基本法律原则,重婚行为应当成为配偶继承权丧失的法定事由之一,其理由如下:

（1）重婚的行为本身违法,它破坏了配偶之间的身份关系——合法的婚姻关系。

配偶的继承权是基于合法的婚姻关系所产生的配偶身份。一夫一妻的制度、相互忠实的义务是正式婚姻关系存续最本质的要求。毫无疑问,重婚行为违背了配偶身份所包含的实质内容,是对婚姻关系基础最严重的破坏。因此,当夫妻一方存在这一行为,基于婚姻关系而产生的继承权理应受到限制甚至剥夺。

（2）将重婚行为作为继承权丧失的法定事由符合《继承法》的立法意图和道德背景。继承法属于婚姻家庭法的组成部分,它必须以社会普遍认知的家庭伦理道德为其立法的背景标准和普通原则。因此,即使在法律无明文规定的情况下, 也有以普遍的伦理道德为原则来处理继承案件的先例。在1882年的美国,一个叫帕尔默的年轻人为谋夺遗产而杀害了自己的祖父, 当时的纽约州遗嘱法尚未将杀害被继承人作为继承权丧失的事由。如果只是依据字面上的法律条文,那么帕尔默将获得遗产。当时的主审法官认为,"法规的构想应以法律的普遍原则为背景,而不应以处于历史孤立状态中的文字为依据"。帕尔默的行为与法律中普遍存在的正义原则相悖,其继承权应被剥夺。德沃金进一步将这种

"普遍原则"明确为符合整体法律制度的道德原则,并且认为这种道德原则在这个案件作为背景标准,在对特定的法律权利和义务作出判决的理由方面,起着根本的作用。无独有偶,在我国2003年轰动一时的"泸州二奶案"中,在确认遗嘱真实的情况下,法院仍然以原告"二奶"与死者的姘居关系违反公序良俗原则为由认定死者的遗赠行为无效,取消了原告对死者财产的继承权,这对本案的处理具有极大的参考价值。也从一个侧面证明我国继承法的立法背景也是以基本的家庭伦理道德原则为指导的,继承权本来属于公民私人的财产权利,应尊重私法自治的原则。但继承法仍然强制性的将四类与基本家庭伦理相悖的行为规定为继承权丧失的法定事由。这足以表明,当继承人没有履行与其继承权产生的身份基础相关的基本义务(例如赡养抚养义务)时,其继承权将被法律剥夺的立法意图。

因此,由上述推之,重婚行为违反公序良俗,违背了夫妻间最基本的相互忠实义务,破坏了婚姻关系中最基础的伦理秩序,应作为配偶继承权丧失的法定事由。

8.哪些财产可以成为遗产?

根据《中华人民共和国继承法》第三条规定:遗产是公民死亡时遗留的个人合法财产,包括:

(1)公民的合法收入。本法所说的收入包括劳动收入,合法的遗赠,和继承所得的财产。

（2）公民的房屋、储蓄和生活用品。公民的私有房屋可以作为遗产，存款的本息也属于遗产的范围。日常生活所需要的生活资料，都属于遗产的范围。

（3）公民的林木、牲畜和家禽。公民的林木是指依法归个人所有的树木，竹林、果园。依我国法律规定，公民个人在其使用的宅基地、自留地、自留山上种植的林木归其个人所有。公民在其依法承包经营开发的荒山、荒地、荒滩上种植的林木，也归其个人所有。但是公民承包经营的果园、果林等，不属于公民的林木。公民的牲畜家禽包括为了满足自己生产和生活需要所饲养的牲畜、家禽。也包括作为商品而饲养的牲畜、家禽。

（4）公民的文物、图书资料。只要是公民生前所有的文物图书资料，不论其是否属于珍贵文物，不论其是否属于机密资料，都可为遗产。但当公民继承后对这些文物、图书资料的使用，处分，都不得违反文物保护法规和保密法规的规定。

（5）法律允许公民所有的生产资料。公民不是对所有的生产资料都享有所有权的，对一些法律不允许公民个人所有的生产资料，即使被继承人生前真实的占有这些生产资料，也不可将其作为遗产。

（6）公民的著作权、专利权中的财产权利。从立法精神看，应当包括各种知识产权中的财产权利。因此包括著作权中的财产权如著作使用费等，专利权中的财产权如专利申请权、专利申请权的转让费、专利的使用权、专利的转让权等，商标专用权以及自然人的发现权、发明权、科技进步权、合理化建议权等知识产权中的财产权都可以作为遗产。

（7）公民的其他合法财产。根据《继承法意见》第三条规定：公民可集成的其他合法财产包括有价证券和履行标的为财产的债权。主要包括如：①抵押、权质权、留置权。②国有土地使用权。国有土地使用权属于用益物权，是依法可以流转的，因而可以作为遗产。③有价证券如股票、公司债券、国库券、票据、仓单、提单等。④股权根据《公司法》第七十六条规定："自然人股东死亡后，其合法继承人可以继承股东资格，但是公司章程另有规定的除外"。《合伙企业法》第五十条规定："合伙人死亡或者被依法宣告死亡的，对该合伙人在合伙企业中的财产份额享有合法继承权的继承人，按照合伙协议的约定或者经全体合伙人一致同意，从继承开始之日起，取得该合伙企业的合伙人资格。有下列情形之一的，合伙企业应当向合伙人的继承人退还被继承合伙人的财产份额：A.继承人不愿意成为合伙人；B. 法律规定或者合伙协议约定合伙人必须具有相关资格，而该继承人未取得该资格；C.合伙协议约定不能成为合伙人的其他情形。合伙人的继承人为无民事行为能力人或者限制民事行为能力人的，经全体合伙人一致同意，可以依法成为有限合伙人，普通合伙企业依法转为有限合伙企业。全体合伙人未能一致同意的，合伙企业应当将被继承合伙人的财产份额退还该继承人。"⑤债权债依法可以分为合同之债、侵权之债、不当得利之债、无因管理之债等不论债权发生的原因，只要不具有人身属性的债，都可以作为遗产。

案例：

李某系经营钢材生意，与妻子钱某生有一个儿子和一个女儿，在李某的名下有两处房产。后来儿女都长大，儿子结婚后与李某夫妻共同生活，生有一个儿子，女儿结婚后住在其丈夫家中。2005 年李某为了购买钢材，李某向马某借了一辆货车拉钢材，因当时钢材比较紧缺，在出发之前,李某给他经常购钢材的孙某发了一份传真,称李某决定购买若干钢材,要求孙某为他保留该批货物,因为以往在钢材紧缺的情况下李某都是通过传真的方式向孙某订货的,因此未等到孙某的回函李某就带着儿子出发了。途中因为李某驾车不慎并且雨天道路湿滑该客货车不幸翻落,被人发现时,李某和儿子都已经死亡,该客货车也已经完全报废。后来经过了解,马某的该客货车在当年并未依照规定进行年检和保险。

在办理完李某和儿子的后事之后,钱某决定将家产予以分配,刘某认为两处房产都是丈夫的名,并且是夫妻共同财产,因此都应该归她所有,她同意将其中一处房产借给儿媳妇和孙子住,但是她提出如果儿媳妇再嫁就要把这间房子归还,而对于女儿,认为女儿已经嫁人了,没有资格分财产。女儿对此很不满意,向钱某提出要求继承房产,双方协商未果,女儿向钱某所在地人民法院提出诉讼,请求人民法院确定她的继承权和继承份额。此时,马某找到钱某要求钱某赔偿其货车的损失,钱某拒绝赔偿,称不是她开的车,没有必要赔偿。于是马某也向钱某所在地的人民法院提出诉讼要求钱某赔偿其客货车的损失。过了一段时间,卖钢材的孙某来信询问何时去取让其留的钢材,钱某告知李某已经死亡,现在不需要这批钢材,但是孙某坚持要求钱某支付该钢材的费用并提货,因为孙某为了给李某留着这批货,在当时钢材很紧缺的情况下仍然没有卖出该批货,现在钢材已经不再紧缺,如果钱某不购买该批货物,该批货物将无法出售。但是钱某认为,货物是李某订购的,现在李某已经死亡她不应该承担责任,而且当时李某给孙某传真表示需要这批货物时孙某也没有给明确的答复,她当然可以不再购买。

本案需要确定几点问题：

(1)李某死亡之后其遗产继承的法律关系,这里主要是哪些财产是李某的遗产,哪些人有继承权,各继承人的继承份额是多少?

(2)对于客货车毁损,钱某是否应当承担责任以及赔偿的问题?

(3)李某和孙某的合同关系是否成立?

专家解析：

本案是一个关于继承和合同关系的案例,首先应理顺其中存在的法律关系,再对各个法律关系进行分析从而确定各当事人的权利和义务,以此为基础来确定遗产分割的问题。

(1)李某死亡之后其遗产继承的法律关系,这里主要是哪些财产是李某的遗产,哪些人有继承权,各继承人的继承份额是多少。

①分析李某的遗产范围,哪些财产是李某的遗产。本案可以看出,两处房产均在李某名下, 但是这样并不意味着该两处房产均归钱某所有,根据《中华人民共和国婚姻法》的规定,除了下列财产之外均应视为夫妻共有财产：

A.一方的婚前财产；

B.一方因身体受到伤害获得的医疗费、残疾人生活补助费等费用；

C.遗嘱或赠与合同中确定只归夫或妻一方的财产；

D.一方专用的生活用品；

E.其他应当归一方的财产。

根据《中华人民共和国继承法》第二十六条的规定:"夫妻在婚姻关系存续期间所得的共同所有的财产,除有约定的以外,如果分割遗产,应当先将共同所有的财产的一半分出为配偶所有, 其余的为被继承人的遗产。"因此,该两处房产的50%因李某和钱某的夫妻关系应属于钱某所有,其他的50%房产应当作为李某的遗产由合法继承人予以继承。

②分析李某的遗产哪些继承人有继承权。根据《中华人民共和国继承法》的第十条规定:遗产按照下列顺序继承:第一顺序:配偶、子女、父母。第二顺序:兄弟姐妹、祖父母、外祖父母。继承开始后,由第一顺序继承人继承,第二顺序继承人不继承。没有第一顺序继承人继承的,由第二顺序继承人继承。第十二条规定:丧偶的儿媳对公、婆,丧偶的女婿对岳父、岳母尽了主要赡养义务的作为第一顺序继承人继承遗产。同时《继承法》明确规定继承权男女平等。因此,李某和钱某的女儿肯定应当有继承权。

然而李某的儿子和李某在同一事故死亡,而且无法确定死亡的先后顺序时,如何确定他们之间的遗产继承关系呢? 根据《最高人民法院关于执行〈中华人民共和国继承法〉若干问题的意见》的第二条规定:相互有继承关系的几个人在同一事件中死亡,如不能确定死亡先后时间的,推定没有继承人的人先死亡。死亡人各自都有继承人的,如几个死亡人辈分不同,推定长辈先死亡;几个死亡人辈分相同,推定同时死亡,彼此不发生继承,由他们各自的继承人分别继承。本案中因为无法确认李某和儿子的死亡顺序,根据上述规定应当推定李某先死亡。因此,本案中李某的遗产应当有如下继承人:钱某、李某的儿子和李某的女儿。

③分析该遗产应当如何分配。李某的遗产为两处房产,其中50%为李某与钱某夫妻共同财产,应当归钱某所有,剩余50%为李某的遗产,由钱某、李某的儿子和李某的女儿平均分配。由于李某的儿子也已经死亡,李某儿子的遗产应当首先分出一半作为夫妻财产归李某儿子的妻子所有(理由如前所述),另一半房产由李某儿子的妻子、李某孙子和钱

某平均继承。根据《继承法》第三十条的规定:夫妻一方死亡后另一方再婚的,有权处分所继承的财产,任何人不得干涉。本案中,钱某告诉儿媳妇如果再婚就要指导房产归还的要求属于违法。

(2)对于客货车毁损,钱某是否应当承担责任以及赔偿的问题。

①马某车辆的毁损应由哪些继承人承担。

造成马某车辆毁损的责任人是李某,现李某已经死亡,故马某起诉李某的继承人从李某的遗产中支付该笔赔偿款,李某的继承人在马某车辆毁损这一事件上虽然无过错,但是基于继承关系和继承财产的处分才成为本案的被告。本案中,钱某、李某的女儿都是李某财产的合法继承人,马某对车损赔付提起的诉讼,法院应当根据民事诉讼法的规定追加李某的女儿为共同被告。而李某的儿媳妇和李某的孙子,他们虽然实际上因为李某死亡基于继承关系取得了李某的财产,但由于本案中他们对于李某的财产并没有直接的继承权利,而是基于他们和李某儿子的婚姻关系和对李某儿子的继承关系取得的,因此李某的儿媳妇和孙子不应当作为本案的共同被告。

②马某车辆当年并未依照规定进行年检和保险是否可以作为李某的继承人减免赔付责任的适法理由。

马某当年未对车辆进行年检和保险确实违反了有关车辆管理的规定,但这是当地车辆管理部门对马某进行的行政管理或者处罚的行为,该行为并不影响马某和李某之间出借和赔偿的民事关系,不应当将马某在行政管理关系中的过错作为李某减免民事赔付责任的理由。因此,李某的继承人应当以李某的遗产为限对马某的车辆毁损承担全部赔偿责任。

③车辆赔偿金额应该如何确定。

车辆作为一种可磨损的消耗品,在其使用之后应当有相应的贬损。本案中所述马某未对其车辆进行年检和保险,应当认定这辆客货车至少已经使用一年以上,车辆价值应当考虑已经使用的车辆价值的折旧问题。如果原被告一方或者双方对价值确定存在争议,应当由法律认可的机构对该车辆当时的实际价值进行评估。因此马某车辆赔偿的金额应以评估机构鉴定数额为准。

李某向马某借货车并造成该车辆全损,李某应当对此承担赔偿责任,由于李某死亡,因此根据《继承法》应当由李某的继承人从李某的遗产中先行支付该赔偿款。

(3)李某和孙某的合同关系是否成立。

李某向孙某发传真要求孙某为其预留钢材,这一行为应当属于要约承诺。孙某在当时钢材都很紧缺的情况下为了照顾老客户为李某预留了这些货物,但是孙某提起诉讼的关键问题即是李某的行为是否为有效的承诺,李某遭遇不幸之后,钱某在孙某的催促之下告知其李某要求孙某预留的货物不再需要是否为有效的要约撤销,李某和孙某的合同关系是否成立。

本案李某和孙某是常年的贸易伙伴,彼此之间有一定的交易习惯和交易默契,因此孙某有理由相信该要约的有效性并且根据双方一贯的交易习惯,只要预留该批货物李某就会按期采购,而且根据李某的指示孙某不需要通知李某,只要将货物准备好等待李某前来购买就可以了,虽然这是一种不作为的行为方式,但是也确实符合李某要约中的明确指示。根据《中华人民共和国合同法》第二十二条的规定:承诺应当以通知的方式作出,但根据交易习惯或者要约表明可以通过行为作出承诺的除外。

根据《合同法》第十八条的规定:要约撤销应当在受要约人发出承诺通知之前到达受要约人,和第十九条的规定:但是如下情况要约不得撤销:(1)要约人确定了承诺期限或者以其他形式明示要约不可撤销;(2)受要约人有理由认为要约是不可撤销的,并已经为履行合同作了准备工作。如上所述,虽然孙某并没有发出承诺通知,但是根据双方的交易习惯以及李某在要约中的指示,孙某实际上已经为履行合同作了准备工作,虽然是不作为方式,但是在当时的市场条件下,孙某完全可以将该批货物出售而不至积压受损,因此钱某的撤销要约的行为是无效的。因此,李某与孙某的合同关系已经成立并且有效,李某的意外不幸不能作为孙某损失的免责事由,孙某的损失应当从李某的遗产中先行支付。

9.哪些财产不能作为遗产?

在实践中,涉及到被继承人的法律产系和相关的权利义务非常多,但并不是所有涉及被继承的权利利益都可以被作为遗产来继承,不能作为遗产继承的主要包括以下几个项:

(1)被继承人的人身权不能作为遗产继承。包括生命权、健康权、姓名权、肖像权、名誉权、荣誉权等。

(2)与合同当事人的人身密切相联系的债权不能作为遗产继承。

①委托合同中委托人与受托人之间的债权关系。因委托合同是基于委托人与受托人个人之间的相互信任依赖,具有较强的人身属性。因此委托人应当承受受托人所为的法律行为后果,而受托人也应当亲自处理委托事务,若双方中的一方或双方死亡,则委托合同自动终止,各自的权利义务就归于消灭,而不能将其作为遗产来继承。

②劳动合同中劳动者享的劳动权不能作为遗产继承,一旦劳动者死亡,则原来的劳动合同自行终止,劳动者享有的劳动权也随之消灭,不能作为遗产由其继承人继承。

(3)与特定人身相联系的债务不能作为遗产被继承

①出版、演出合同中的作者、表演者完成创作和表演的义务是不能作为遗产由继承人继承的。

②加工承揽合同中承揽人以自己的工作亲自完成承揽标的的义务也不能作为遗产由继承人继承。

③赠与合同中的受赠人的权利不属于遗产范围。

(4)土地承包经营权不能作为遗产继承。

《中华人民共和国继承法》第四条:个人承包应得的个人收益,依照本法规定继承。个人承包,依照法律允许由继承人继续承包的,按照承包合同办理。《最高人民法院关于执行〈中华人民共和国继承法〉若干问题的意见》第四条规定:承包人死亡时尚未取得承包收益的,可把死者生前对承包所投入的资金和所付出的劳动及其增值和孳息,由发包单位或者接续承包合同的人合理折价、补偿,其价额作为遗产。《农村土地承包法》第三十一条规定:承包人应得的承包收益,依照继承法的规定继承。林地承包的承包人死亡,其继承人可以在承包期内继续承包。第五十条规定:土地承包经营权通过招标、拍卖、公开协商等方式取得的,该承包人死亡,其应得的承包收益,依照继承法的规定继承;在承包期内,其继承人可以继续承包。土地承包经营权是不能作为遗产进行继承分割的。只能有继承人继续承包、国有资源的使用权。自然人可以依法取得和享有国有资源的使用权,如采矿权、狩猎权、渔业权、养殖权等。这些权利的取得需要有特别的程序,权利人不仅仅有使用收益的权利,也有保护管理和合理利用的义务。国有资源使用权是特定的人享有的不能转让因而也不能作为遗产来继承。

(5)宅基地使用权不能作为遗产继承。

宅基地使用权是自然人因私有房屋而使用集体所有的土地的权利。是与被继承人身份有关系的权利,因此宅基地使用权是不能作为遗产继承的。但继承人继承房屋,同时也就享有该房屋占有土地范围内的宅基地使用权。虽然这样宅基地也不是遗产不能作为遗产分割。

(6)国有资源使用权不能作为遗产被继承。

如采矿权、狩猎权、渔业权、水资源使用权、海洋、空间等使用权,这是因为这些国有资产的使用权人的使用权都是经过特定程序授予特定人享有的,这些权利不能作为遗产,如果继承人要使用这些资源的使用权,必须另行申请,经审查批准后重新获得使用权。

(7)承包经营权不能作为遗产继承。

《继承法》第四条规定:个人承包应得的个人收益,依照本法规定继承。个人承包,依照法律允许由继承人继续承包的,按照承包合同办理。但是,被继承人在承包中投下的资本,应得的个人收益仍属遗产,可依法继承,承包人享有的承包经营权不属于遗产,不能继承。

(8)死亡补助金(死亡赔偿金)不能作为遗产继承。

《继承法》第三条规定:遗产是公民死亡时遗留的个人合法财产,包括:(一)公民的收入;(二)公民的房屋、储蓄和生活用品;(三)公民的林木、牲畜和家禽;(四)公民的文物、图书资料;(五)法律允许公民所有的生产资料;(六)公民的著作权、专利权中的财产权利;(七)公民的其他合法财产。"《最高人民法院关于贯彻执行〈中华人民共和国继承法〉若干问题的意见》第三条规定:公民可继承的其他合法财产包括有价证券和履行标的为财物的债权等。第四条规定:承包人死亡时尚未取得承包收益的,可把死者生前对承包所投入的资金和所付出的劳动及其增值和孳息,由发包单位或者接续承包合同的人合理折价、补偿,其价额作为遗产。根据《继承法》及其《意见》可以看出,死亡赔偿金并不包括在所列举的遗产范围之内。

(9)抚恤金和困难补助金不能作为遗产继承。

抚恤金是职工因工死亡后,所在单位给予死者家属或其生前被抚养人的精神抚慰和经济补偿,相当于生活费,因死亡而发放的抚恤金,带有抚慰其家属的性质。而困难补助金一般是死者单位对于死者家属发放的困难补助,是为了帮助死亡职工的家属解决因职工死亡而带来的困难,不属于死者的遗产,不是给予死者的,也不是死者生前的财产,故不属于遗产的范围,不能作为遗产继承。

(10)非法所得不能作为遗产被继承。

如果被继承人的财产系通过不法行为所得,该财产因其非法性质,因此,不能作为遗产继承。

案例:

原告畅某,女,1979年4月生,汉族,陕西乾县人,住乾县王村镇某村,村民。

原告杨丁某,男,2001年3月生,汉族,陕西乾县人,住乾县王村镇某村,学生,系畅某长子。

原告杨金某,男,2008年9月生,民族、籍贯、住址同上,幼儿,系畅某次子。

杨丁某、杨金某法定代理人畅某,系杨丁某、杨金某母亲。

被告梁某,女,1959年2月生,汉族,陕西乾县人,住乾县王村镇某村,村民。

第三人李某,男,1953年12月生,汉族,陕西武功县人,住乾县王村镇某村,村民。

咸阳公路管理局乾县管理段职工杨某某2009年4月2日因公死亡,其妻畅某、母亲梁某及"继父"李某共同与咸阳公路局达成协议,由该单位支付丧葬费3500元、抚恤金28760元、困难补助费50000元。在领取该款过程中,畅某与梁某、李某发生争执,为分配数额的多与少无法达成协议。咸阳公路局遂暂停支付该款,让双方就该款的分配达成协议后再分别领取。畅某遂诉至法院,请求法院予以分配。

畅某认为,自己和杨丁某、杨金某分别是死者的妻子和儿子,被告梁某是死者的母亲,只有这四个人有权继承该款,第三人李某虽然一直和梁某同居,但在杨某某死亡时还未办理结婚登记,不是杨某某继父,无权继承该款。梁某及李某认为,他们在杨某某死后补办了结婚登记,是合法夫妻,且李某对死者杨某某进行了抚养和帮助扶持,他们应与三原告有平等的继承权。

法院审理后认为,杨某某因公死亡后,其单位给付的丧葬费等工伤补助费,依法属杨某某供养的直系亲属的个人财产,不属杨某某遗产,不适用继承关系,应依工伤保险条例的有关规定进行分配。杨某某死亡后由李某负责事故处理及安葬事宜,故丧葬费由李某领取。畅某、梁某均未满55周岁,李某在杨某某死亡后才与杨某某母亲结婚,不为杨某某继父,故均无权请求分割抚恤金,抚恤金归杨丁某、杨金某。李某与梁某同居期间对杨某某夫妻进行了适当帮助和扶持,根据民事公平原则,故从50000元家庭困难补助费中适当分给部分钱款,剩余钱款由其余四人平均分配。遂根据《工伤保险条例》第三十九条,参照劳动和社会保障部令第18号《因工死亡职工供养亲属范围规定》第二条、第三条规定,作出如下判决:一、丧葬费3500元由李某领取;二、抚恤金28760元归杨丁某、杨金某所有;三、50000元家庭困难补助费给付李某5000元,剩余45000元由畅某、杨丁某、杨金某、梁某各分得11250元。

专家解析:

　　此案例是乾县人民法法院的判决,从该判决阐明了两个问题:(1)单位职工因工死亡后,相关亲属得到的丧葬费、抚恤金、家庭困难补助费等费用不是死者遗产,不能按继承纠纷进行分配。(2)虽非死者相关亲属,但若给予死者及家属较多帮助扶持,在法无明确规定的情况下,可以根据公平原则和当地善良习俗分得部分补偿款。

　　下面是对该案的解析:

　　1.该案在审理期间,双方当事人均坚持此案系遗产继承纠纷。法院审理认为,死者杨某某因公死亡后,其相关亲属与死者单位达成协议所得的款项不是死者遗产。其中的丧葬费、抚恤金,是根据工伤保险条例的规定无条件发放的。特别是抚恤金,属于死者杨某某生前供养直系亲属的生活费,不是杨某某的遗产。家庭困难补助费是死者单位给死者整个家庭的经济帮助费用,亦不属于死者遗产。所以本案无遗产可继承,不是继承关系,不适用继承法。

2.该案在审理期间,一部分人认为法院应追加杨某某的单位为第三人,并在判决内容中明确单位具体支付相关权利人工伤补助费的具体数额,否则该案缺乏被执行主体。本案事实情况是,当事人各方已与死者单位就工伤补助款的支付达成了协议,因当事人间为分配数额无法达成协议才诉至法院。本案中,当事人各方未申请追加该单位为第三人;该单位也未申请参加诉讼;法院依职权追加第三人,仅限于若不追加,案件事实无法查清、责任无法分清的情形;本案也非权利主体与该单位间工伤待遇纠纷。显然,不存在追加当事人的可能与必要。

3.从法律上讲,本案第三人李某不是死者杨某某继父,其虽对杨某某生前进行过帮助和扶持,由于其并非劳动和社会保障部第18号令中规定的因工死亡职工所供养亲属,因此无权参与分配相关工伤补助费。但反过来看,李某这个有实无名的"父亲",不管在杨某某生前还是死后,均已履行了一个准父亲法律上及道义上的职责,如一点不分配家庭困难补助费,实在有失公允。可是,如果给其分配,又无明确的法律规定。此时,司法机关以权利和义务是否均衡来平衡了当事人间的利益。该案在审理期间,双方对立情绪很大,互不让步,经法院多次调解,未能达成一致意见。最终,在无法律明确规定的情况下,法官依据公平原则,给第三人李某以适当补偿,维护了第三人的合理诉求。实践证明,法院给第三人李某以适当补偿是合理的,该案当事人各方不但服判息诉,一家人不久也和好如初,挽救了一个即将破裂的家庭,取得了较好的法律效果与社会效果。

10.被继承人死亡后其债务怎么处理?

法律规定,被继承人死亡后所欠的债务并不因其死亡而完全消灭。继承人有义务在遗产的价值范围内清偿债务,这不是父债子还,而是父债子应当偿还,儿子只是以父亲的遗产清偿债务。根据《中华人民共和国继承法》第三十三条规定:继承遗产应当清偿被继承人依法应当缴纳的税款和债务,缴纳税款和清偿债务以他的遗产实际价值为限。超过遗产实际价值部分,继承人自愿偿还的不在此限。最高人民法院《关于贯彻执行〈中华人民共和国继承法〉若干问题的意见》第六十二条规定:遗产已被分割而未清偿债务时,如有法定继承又有遗嘱继承和遗赠的,首先由法定继承人用其所得遗产清偿债务;不足清偿时,剩余的债务由遗嘱继承人和受遗赠人按比例用所得遗产偿还;如果只有遗嘱继承和遗赠的,由遗嘱继承人和受遗赠人按比例用所得遗产偿还。

案例:

张某因生意周转不济,于2001年8月从朋友王某处借款55万元。2002年3月张某因病去世,名下留有价值40万元房产一套,儿子张甲在办理房屋更名时,王某找到张甲,要求其代父亲偿还债务,张甲称父亲只留有价值40万元的房产一套,根本不够偿还,并且债务是父亲生前所欠,作为儿子不能代父偿还债务。

专家解析：

这里涉及的是死亡后,其债务应如何履行的问题。被继承人死亡,继承人应对死者的遗产和债务进行清理。如果遗产的实际价值超过债务,遗产还债后仍有多余的,多余部分可由继承人继承。如果继承人有两个或两个以上,也可先分割遗产,然后按比例分担死者的债务。但如果死者生前的债务是由于继承人不尽赡养义务而负的,那么,即使遗产不足清偿,继承人也负有清偿的责任。如果死者生前所借债务是为了其家庭共同生活,那么其家庭成员应负担。被继承人的遗产的多少直接决定了偿还债务能力的大小,而继承人的财产和被继承人债务的清偿则是没有关系的,继承人无义务就超出被继承人遗产范围的债务承担偿还责任。因此在被继承人的遗产不足以清偿全部债务的情况下,从法律的意义上讲,债权人将面临利益上的损失,并且这种损失继承人无义务分担。这样做并未动及继承人的财产,也就不会损害继承人的利益,从而维护了家庭和社会经济秩序的稳定。

依据我国《继承法》第三十三条中规定:继承人继承被继承人的遗产,就应当承担清偿被继承人债务的义务,清偿债务以已确定的遗产的实际价值为限。同时被继承人的债权人也应当在继承开始以后主动及时地向继承人声明自己的债权,以便在继承人处理遗产之前最大程度地保护和实现自身的权利。在清偿债务具体的程序上,通常是继承开始以后,继承人应首先用属于被继承人遗留下来的财产来清偿被继承人的债务,清偿后剩余的财产,才作为实际存在的遗产再按照遗嘱或法定继承来进行分割。当被继承人的遗产主要是实物或不动产,不便清偿债务时,应按照有利于生产和生活的需要的原则,可以先行折价或变现,然后再清偿债务,也可以采取共有等方法偿还债务。

在现实生活中也经常能够遇到债权人没有及时主张自己的权利、继承人不知情或者被继承人遗留的是实物和不动产而继承人又要求保留和继承这些遗物等其他原因,遗产已被分割(或必须先行分割)而未清偿债务情况。根据最高人民法院《关于贯彻执行〈中华人民共和国继承法〉若干问题的意见》第六十二条规定,可以区别对待:(1)当只有法定继承人继承遗产时,从原则上讲,应当依照继承人各自所得的遗产份额,按照比例清偿被继承人的债务。即多得者多还,少得者少还。当然这种清偿仍必须以遗产的实际价值为限,也就是说继承人最多清偿数额不超过他的继承所得。

(2)如果几个遗产接受者中既有法定继承人,又有遗嘱继承人和受遗赠人时,首先由法定继承人用继承到的遗产清偿债务,如其所得遗产不足以清偿时,剩余的债务由遗嘱继承人和受遗赠人按比例用所得遗产偿还。

(3)如果只有遗嘱继承人和受遗赠人的,应当由遗嘱继承人和受遗赠人按比例用所得遗产偿还。

本案可以看出,被继承人生前欠有债务,并且被继承人的遗产又有限,此时如何处理?《继承法》第三十三条的规定:继承遗产应当清偿被继承人依法应当缴纳的税款和债务,缴纳税款和清偿债务以他的遗产实际价值为限。这一规定的基本精神是先清偿债务,而后才能继承。这样的规定在一定程度上防止和限制了一部分只享受权利不履行义务的人企图逃避法律义务,从而保障国家和债权人的合法权益免遭损失。据此,继承人应当首先用被继承人的遗产清偿被继承人的债务,清偿债务剩余下来的财产再作为实际存在的遗产。但是,如果继承人是缺乏劳动能力又没有生活来源的人,则仍应先为他们保留适当的遗产,然后再依《继承法》有关规定清偿债务。

11.无人继承的遗产如何处理?

《中华人民共和国继承法》第三十二条规定:"无人继承又无人受遗赠的遗产,归国家所有,死者生前是集体所有制组织成员的,归所在集体所有制组织所有。"也就是说,公民死后即没有法定继承人,又无遗嘱,或者全部继承人都放弃或丧失继承权时的财产的情况下。对无人继承的遗产,如果死者生前是国家机关、全民所有制企业、事业单位的职工、无业城镇居民,其遗产权归国家的所有,如果是集体所有制组织成员,归集体所有,如果是个体劳动者,原则上也收归国有。根据《中华人民共和国民事诉讼法》第一百七十四条规定:申请认定财产无主,由公民、法人或者其他组织向财产所在地基层人民法院提出。申请书应当写明财产的种类、数量以及要求认定财产无主的根据。第一百七十五条规定:人民法院受理申请后,经审查核实,应当发出财产认领公告。公告满一年无人认领的,判决认定财产无主,收归国家或者集体所有。第一百七十六条规定:判决认定财产无主后,原财产所有人或者继承人出现,在民法通则规定的诉讼时效期间可以对财产提出请求,人民法院审查属实后,应当作出新判决,撤销原判决。

案例：

某厂的退休工人老李没有结过婚，没有兄弟姐妹，也没有领养过子女。上个月他去世后了，留下了5000多元存款和一些生活用品。问，对他的这些遗产应当如何处理？

专家解析：

无人继承有两种情况：一是没有法定继承人，没有法定继承人，就不会发生法定继承和遗嘱继承；二是法定继承人全部放弃或者丧失继承权。而无人受遗赠也有两种情况：一种情况是没有遗嘱，包括死者生前没有立遗嘱（遗赠）或者生前所立遗嘱（遗赠）无效，或者没有遗赠抚养协议，没有遗赠就没有受遗赠人；第二种情况是受遗赠人全部放弃了受遗赠，或者被人民法院剥夺了受遗赠权。因此，无人继承又无人受遗赠的遗产为无人继承遗产。

对无人继承遗产首先应确定管理人，继承开始后，被继承人生前是国家职工的遗产管理人是被继承人生前所在单位；被继承人是农村农民的，遗产管理人是被继承人生前所在的基层组织，如村民委员会等；被继承人生前是城市个体劳动者或者无业居民的，遗产管理人是城市个体劳动者协会；被继承人生前是受他人扶养的，抚养人也可以成为遗产管理人。同时应当向法院申请建立遗产管理，债权人、受遗赠人等利害关系人也可以申请建立遗产管理。

认定无人继承又无人受遗赠的遗产的案件，应当由公民、法人或其他组织向遗产所在地基层人民法院提出申请。无论是法人、其他组织还是公民个人申请认定无人继承又无人受遗赠的遗产为无主财产，都应当提出书面申请书，在申请书上应写明财产的种类、数量以及要求认定无人继承又无人受遗赠的遗产为无主财产的根据。人民法院对无人继承又无人受遗赠的遗产的认定申请,人民法院应予受理,经审查核实,公布认领公告。公告满一年后无人要求继承和接受遗赠的,即判决认定该项遗产为无主财产。在公示催告的期限内,无人继承遗产管理人不得向任何债权人和受遗赠人清偿债务和交付遗赠。公告期满,遗产管理人即应开始清偿债务,交付遗赠等。清偿债务的原则包括:清偿债务优于交付遗赠;有优先权的债权优于普通债权;未到期债权应扣除未到期之利益,附条件的和存续期间不确定的债权,应进行评估,按估价清偿;遗产不足以清偿全部债务时,按比例清偿;为在公告期内报明之债权和遗赠,仅得就剩余遗产之财产主张权利;并且如果需要变卖遗产清偿债务,应该经选任机关批准。根据我国《继承法》的规定,该项无人继承又无人受遗赠的遗产,收归国家或者集体所有。但是,必须明确,认定遗产为无主财产,这只是法律上推定该项遗产没有继承人又没有受赠人,因此,这种推定有可能与事实不符,也就说,在事实上有可能有继承人或者有受遗赠人。如果在判决认定该项财产为无人继承又无人受遗赠的遗产后,合法继承人或受遗赠人出现,而且在《民法通则》规定的诉讼时效内对该项遗产提出请求的,经人民法院审查属实,应当作出新判决,撤销原判决,将该项遗产判归合法继承人或者受赠人所有。

无人继承又无人受遗赠的遗产归国家或者集体所有制组织所有,同时,取得该遗产的国家或者集体所有制组织也应在取得遗产的实际价值范围内清偿死者生前所欠的债务。遗产因无人继承又无人受遗赠归国家或者集体所有制组织所有时,若有继承人以外的依靠被继承人抚养的缺乏劳动能力又没有生活来源的人,或者继承人以外的对被继承人扶养较多的人提出取得遗产的请求,人民法院应视情况适当分给遗产。

根据我国《继承法》规定,被继承人死亡后没有法定继承人,也未留下遗嘱的,或者被继承人虽有法定继承人或留有遗嘱,但法定继承人或遗嘱继承人全部放弃继承或依法丧失继承权,受遗赠人也放弃接受遗赠的,该被继承人的遗产就成为无人继承又无人受遗赠的财产。对于该财产,我国《继承法》第三十二条规定:无人继承又无人受遗赠的财产,归国家所有;死者生前是集体所有制组织成员的,归所在集体所有制组织所有。从上述规定可以看出,国家或者集体所有制组织就成为无人继承又无人受遗赠的财产的接受者,相当于处在继承人的地位。如果这时被继承人还留有债务,国家或集体所有制组织应在所接受遗产的实际价值范围内,负责清偿被继承人的债务,或者先用遗产清偿债务,然后再将清偿后剩余的财产作为实际存在的遗产收归国家或集体所有。如果被继承人的遗产本身就不足以清偿被继承人的债务,国家和集体所有制组织也无义务对超出遗产价值范围的债务清偿。

12.登报声明脱离父子关系,相互间是否还有继承权?

继承权是基于父母与子女之间的血亲关系而产生的,这种血亲关系是不能解除。即使登报声明脱离与儿子的父子关系,这种行为对基于血亲关系而产生的法定继承权是没有影响的,即这种声明是没有法律效力的,在法律上父母与儿子之间仍然是相互有继承权的关系。只有存在继承法第七条的情况时,才会丧失继承权,根据《继承法》第七条规定:继承人有下列行为之一的,丧失继承权:(一)故意杀害被继承人的;(二)为争夺遗产而杀害其他继承人的;(三)遗弃被继承人的,或者虐待被继承人情节严重的;(四)伪造、篡改或销毁遗嘱,情节严重的。

案例:

李某与石某婚后生有李甲。由于李某长期在外地工作,儿子从小由妻子石某照顾,由于疏于管教,养成了很多陋习,并且经常与社会上不三不四的来往,李某好言相劝无效便在当地报刊声明与李甲脱离父(母)子关系。2001 年,李某与石某遇车祸死亡,留有房产一套及现金 17 万元,李甲知道父母死亡赶回时,发现遗产被李某的哥哥霸占,李甲要求继承李某的所有遗产,李某的哥哥以李某、石某与李甲脱离了父(母)子关系而无继承权为由拒绝李甲继承遗产。于是李甲将李某的哥哥某诉至法院,要求其归还李某、石某的遗产。

专家解析:

父母子女关系有两种:一种是有血缘关系的直系血亲父母子女关系,另一种是没有血缘关系的拟制血亲的父母子女关系。对于没有血缘关系的拟制血亲的父母子女关系,可以依法解除,然而具有血缘关系的直系血亲父母子女关系,却是无法解除父母子女关系的。父母和子女声明或者协议脱离父母子女关系的行为不符合法定丧失继承权的行为,这种声明没有法律师依据,不具备法律效力,因此这种声明对基于血亲关系而产生的法定继承权没有影响。只有存在继承法第七条的情况时才会丧失继承权,即故意杀害被继承人的;为争夺遗产而杀害其他继承人的;遗弃被继承人的,或者虐待被继承人情节严重的;伪造、篡改或者销毁遗嘱,情节严重的。因此,李某、石某登报声明与李甲脱离父(母)子关系的行为不符合法定丧失继承权的行为,这种声明没有法律效力。所以李甲对李某、石某的遗产有继承权。

13.遗赠扶养协议与遗嘱发生冲突时哪个效力更高?

依照《中华人民共和国继承法》第三十一条的规定:公民可以与抚养人签订遗赠扶养协议。按照协议,抚养人承担公民生养死葬的义务,享有受遗赠的权利。公民可以与集体所有制组织签订遗赠扶养协议。按照协议,集体所有制组织承担该公民生养死葬的义务,享有受遗赠的权利。遗赠扶养协议是双方意思表示一致才能订立的。双方民事法律行为属于一种合同。因此遗赠扶养协议的订立,有效条件、履行、变更和解除都受到合同法的约束。

在被继承人死亡后,只有具备一定条件时,才按遗嘱继承办理。一是没有遗赠扶养协议。二是所立遗嘱合法有效。三是继承人未丧失继承权和未放弃继承权。由此可见遗赠扶养协议具有最优先的效力。只要是遗赠扶养协议中约定遗赠的财产,就应依照协议由抚养人取得,不论是依法定继承还是依遗嘱继承都不得对抗遗赠扶养协议。

案例:

年初,李某的妻子因交通事故受伤瘫痪,卧床不起。李某又年事已高,没有子女,眼看需要人照顾的妻子,李某联系上了邻居王某,希望王先生能够照顾陪伴妻子一段时间。同时李某与王某签订了一份协议，其主要内容为：李某及其妻子现年事已高，身残体弱，无人照顾，同意由王某照顾夫妻两人的生活及死后事宜，并在夫妻两人去世后将夫妻两人的一切财产（主要是李某的房产）赠与王某。

同年年末，李某将90万元银行存款交给王某，目的是请王某为其买房用于养老。可天不从人愿，李某的妻子不久便去世了。李某要求王某将90万元返还，但王某认为协议中已经写明将一切财产赠送与他，那这90万元理所应当也是属于赠与，拒不返还。无奈之下，李某只好到法院起诉，要求王某返还90万元。

经法院审查认为：王某提交的书面协议不能证明该笔钱款属于赠与。李某作为90万元存款的所有权人，有权要求王某及时返还占有的财产。法院最终支持了李某的诉讼请求。

专家解析：

本案中李某与王某签订的是一份遗赠抚养协议。遗赠扶养协议是诺成性的自双方意思表示达成一致时即可发生法律效力。因此王某就认为在协议签订后其就对李某的房产以及90万元的存款已经享有处分权利的观点是错误的。遗赠扶养协议受抚养人死亡后才发生遗赠的效力。也就是说只有在李某去世以后，该遗赠抚养协议中所述财产才归王某所有的条款才真正生效。

李某将90万元银行存款交给王某的本意是想让其为自己购买用于养老的房屋。两人虽然没有签订任何书面合同，但其实际上是形成了委托合同关系。依照相关法律规定，李某作为委托人可以随时解除委托合同的，若给受托人造成损失应当负责赔偿。而作为受托人的王某应当将该银行存款还给所有人李某。因此,综上所述,法院支持李某的请求是合法合理的。

遗赠扶养协议,是指受扶养人(即遗赠人)与扶养人签订的关于扶养人承担受扶养人生养死葬的义务,受扶养人将自己的财产于死后赠与扶养人的协议。因此,遗赠扶养协议在李某死后才会有法律效力。

遗赠扶养协议是要式民事法律行为,必须是书面方式,不能为口头方式,以便明确双方的权利义务,。

14.怎么立遗嘱及遗嘱有几种形式,分别是哪几种?

遗嘱是指自然人生前在法律允许的范围内,按照法律规定的方式对遗产或其他事务作出的安排,并于死后发生法律效力的民事行为。订立遗嘱的人必须有遗嘱能力,所谓遗嘱能力是指自然人依法享有的设立遗嘱,自由处分自己财产的能力,并且必须是完全民事行为能力人。

《中华人民共和国继承法》第二十二条第一款规定:无行为能力或者限制行为能力人所订立的遗嘱无效。

根据《继承法》第十七条规定了五种遗嘱形式,分别是:公证遗嘱、自书遗嘱、代书遗嘱、录音遗嘱和口头遗嘱。

1.公证遗嘱是经过公证机构公证的遗嘱。因此公证遗嘱是所有形式的遗嘱中最有力也是最可靠的证据。我国《继承法意见》第四十二条规定:遗嘱人以不同形式立有数份内容相抵触的遗嘱,其中有公证遗嘱的以最后所立公证遗嘱为准；没有公证遗嘱的，以最后所立的遗嘱为准。

2.自书遗嘱是由立遗嘱人亲笔书写的遗嘱。我国《继承法》第十七条第二款规定：自书遗嘱由遗嘱人亲笔书写，签名，注明年、月、日。此外，最高人民法院《关于贯彻执行〈中华人民共和国继承法〉若干问题的意见》第四十条规定：公民在遗书中涉及死后个人财产处分的内容，确为死者真实意思表示，由本人签名并注明了年、月、日，又无相反证据的，可按自书遗嘱对待。

3.代书遗嘱是遗嘱人口授遗嘱内容，他人代为书写的遗嘱。根据《继承法》第十七条第三款规定：代书遗嘱应当有两个以上见证人在场见证，由其中一人代书，注明年、月、日，并由代书人、其他见证人和遗嘱人签名。

4.录音遗嘱是以录音的方式录制下来的遗嘱人口述遗嘱。依《继承法》第十七条第四款规定：以录音形式立的遗嘱，应当有两个以上见证人在场见证。

5.口头遗嘱是在特殊情况下，遗嘱人以口述的方式所立的遗嘱。我国《继承法》第十七条第五款规定：遗嘱人在危急情况下，可以立口头遗嘱。口头遗嘱应当有两个以上见证人在场见证。危急情况解除后，遗嘱人能够用书面或者录音形式立遗嘱的，所立的口头遗嘱无效。口头遗嘱是应急措施，危急解除后其就应当失效。

案例 1：

2000 年 5 月 15 日，被继承人赵某在妻子郝某某和好友李某某的见证下，自己口述两人同时记录立下了遗嘱：自己所有的存款共计三万元给孙女赵莫某(未成年)。赵某在遗嘱上签字盖章并且按了手印,并注明了年月日。赵某还委托李某某去请居委会的主任甄某见证。次日李某某对甄某说明情况后,甄某在遗嘱上签字并盖章。赵某于 3 日后病故。因为郝某某拒绝履行遗嘱指定给赵某某的遗产,赵某某向人民法院起诉,要求郝某某依照赵某的遗嘱付给赵某某 3 万元整。

专家解析:

虽有赵某口述但是并不是赵某亲笔所写,因此这份遗嘱应当属于代书遗嘱。代书遗嘱有几个要件必须具备才是合法的遗嘱,才能被实行。该代书遗嘱在场见证的只有李某某一人,郝某某是继承人,不能作为遗嘱见证人。甄某是事后补签的,并没有在现场见证,因此不能作为有效的见证人。该遗嘱不符合有两个以上见证人的要求,因此遗嘱无效。赵某某不能依此遗嘱获得三万元。这三万元需依照法定继承来处理。

这个案例提示我们,如果需要为自己定立遗嘱一定要符合法律要件,否则即使订立了遗嘱也不能依此处分遗产。

案例 2:

1998 年 3 月刘某与范某结婚,2004 年 1 月 30 日因为婚后无子,二人到某军区总医院签订了人工授精协议书。通过人工授精,刘某于同年 10 月 22 日产下一子,取名范小某。2004 年 4 月范某因病住院,5 月 20 日范某在医院自书遗嘱,内容为:人工授精的孩子不是本人的孩子我坚决不要;2000 年购买的房屋,赠与我的父母范某某和李某某。2004 年 5 月 22 日范某病故。范某与刘某共有存款 10 万元。后因财产继承发生争议,刘某将范某的父亲范某某和母亲李某某告上法庭。

专家解析：

范某的遗产有两部分组成：一是房屋，二是存款。范某只在遗产中处分了房屋并没有处分存款，所以房屋部分的继承按照遗嘱继承办理，存款部分继承应该按照法定继承办理。在房屋的遗嘱继承中，由于房屋是夫妻存续期间共同购买的，属于夫妻共同财产，范某只有权力处分自己的份额。也就是说，房屋价值的一半可以按照遗嘱赠与范某的父母，但必须扣除应当为范小某保留的必要份额。因为范小某属于没有劳动能力的和生活来源的继承人。范小某作为范某的婚生子女的地位，不因范某的否认而有什么变化。因为最高人民法院在 1991 年 7 月 8 日《关于夫妻离婚后人工授精所生子女的法律地位如何确定的复函》中规定：在夫妻关系存续期间，双方一致同意进行人工授精，所生子女应视为夫妻双方的婚生子女，父母子女之间权利义务关系适用《婚姻法》的有关规定。

由此可见，遗嘱中所涉及的财产，只有涉及到立遗嘱人个人财产的时候才会依据遗嘱处分，非遗嘱人财产立遗嘱人无权处分。

15.自书遗嘱、代书遗嘱的书写格式？

（1）自书遗嘱：自书遗嘱并不需要见证人，但根据《中华人民共和国继承法》第十七条第二款规定：自书遗嘱由遗嘱人亲笔书写，签名，注明年、月、日。根据这项规定，自书遗嘱的要求是：须由遗嘱人亲笔书写遗嘱内容并签名;须由遗嘱人亲自用笔书写遗嘱全文;必须注明年、月、日,三项缺一不可。自书遗嘱并不需要见证人。

遗 嘱(自书遗嘱格式)

立遗嘱人:姓名、性别、出生日期、民族、工作单位、住所。

我患有×××病症,身体随时可能发生意外,故特立此遗嘱,表明我对自己所有的财产在去世之后的处理意愿。

我和我妻共有财产如下:

1.房产一套,坐落于某市某街某号的×平方房产×处(评估值××万元);

2.汽车两辆,车牌号分别……;

3.股票××,分别为××、××、××,各××股(去世当日市值××万元);

4.银行存款××元,存于××银行××支行××分理处(储蓄所),账号为:……;

5.家具及家用电器,……(列举并注明产品品牌、规格等),价值共计××万元。

6.……

留有债务如下:

1.欠××(债权人姓名)××万元,到期日为×年×月×日;

2.……

现对归我所有的份额,作出如下处理:

1.房产由父母××、××继承。

2.汽车由儿子××继承。

3.股票由妻子××继承。

4.家具及家用电器由××继承。

5.存款归还我对××的债务后,由女儿××继承。

6.骨灰由女儿××负责保管。

7.……

遗嘱由××执行,性别、出生日期、民族、住所。

立遗嘱人签字:×××

××年×月×日

(2)代书遗嘱:遗嘱是遗嘱人对自己的财产或其他事项所作的处理,应当由遗嘱人自己完成。但是,遗嘱人不识字或因生病等不能书写,或者不愿意自己书写的,可以委托他人代写遗嘱。《继承法》第十七条第三款规定:代书遗嘱应当有两个以上见证人在场见证,由其中一人代书,注明年、月、日,并由代书人、其他见证人和遗嘱人签名。

遗　嘱(代书遗嘱格式)

立遗嘱人:×××,男,19××年×月×日生,汉族,住××市××区××路××号,

身份证号:××××××××××××××。

立遗嘱人亲属情况:

配偶:×××, 女,19××年×月×日生, 汉族, 住××市××区××路××号,身份证号:××××××××××××××。

女儿:×××, 女,19××年×月×日生, 汉族, 住××市××区××路××号,身份证号:××××××××××××××。

儿子:×××, 男,19××年×月×日生, 汉族, 住××市××

区××路××号,身份证号:××××××××××××××。

立遗嘱人×××因×××××××,为使死后的遗产能够按照自己的意愿进行处分,特订立本遗嘱。

为订立本遗嘱,立遗嘱人特请×××,×××,×××作为遗嘱见证人,全场见证本遗嘱的订立过程,遗嘱见证人的身份情况如下:

1.

2.

_____ 律师事务所律师,执业证号:×××××××

本遗嘱由×××律师代书。

立遗嘱人所有的财产:

1.房产:

2.存款:

3.股票:

4.汽车:

遗嘱内容:

1. 立遗嘱人去世后,立遗嘱人名下的房产（位置、房产证号等）由×××继承;

2. 立遗嘱人去世后,立遗嘱人名下的存款（开户银行、账号等）由×××继承;

3.立遗嘱人去世后,立遗嘱人名下的股票(股票账号等)由×××继承;

4.立遗嘱人去世后,立遗嘱人名下的汽车(车牌号等)由×××继承。

本人指定××律师事务所×××律师为本遗嘱的执行人。

立遗嘱人声明：

上述遗嘱,是立遗嘱人在神智完全清醒的情况下所立,是立遗嘱人的真实意思表示,且本遗嘱为本人所立唯一遗嘱。

本遗嘱一式_____份, 由_____、_____各保存一份,××律师事务所保存一份。

立遗嘱地点：

立遗嘱人：_____（签字） _____年____月____日

上述遗嘱,经过×××,×××,×××三位见证人在场见证,由立遗嘱人亲自签署。

见证人：_____（签字） _____年____月____日

见证人：_____（签字） _____年____月____日

16.没有尽到赡养扶养义务的继承人是否还有继承权？

按我国法律规定,赡养义务和继承权没有关系。《中华人民共和国继承法》第七条规定:继承人有下列行为之一的,丧失继承权:(一)故意杀害被继承人的;(二)为争夺遗产而杀害其他继承人的;(三)遗弃被继承的,或者虐待被继承人情节严重的;(四)伪造、篡改或者销毁遗嘱,情节严重的。

但《继承法》第十三条第三款同时规定：对被继承人尽了主要扶养义务或者与被继承人共同生活的继承人，分配遗产时，可以多分。也就是说遗产分配时，要优先照顾多尽赡养义务的子女。《继承法》第十三条第一款规定：同一顺序继承人继承遗产的份额，一般应当均等。对生活有特殊困难的缺乏劳动能力的继承人，分配遗产时，应当予以照顾。对被继承人尽了主要扶养义务或者与被继承人共同生活的继承人，分配遗产时，可以多分。有扶养能力和有扶养条件的继承人，不尽扶养义务的，分配遗产时，应当不分或者少分。继承人协商同意的，也可以不均等。

案例：

孙某(女)有个儿子，但三岁时跟随父亲到了外地(孙某和当时的配偶离婚)，二十年来只是按月汇款给前夫儿子的抚养费用，没有看望过儿子。2009年2月孙某遭遇车祸被送入医院，警方急切地寻找其家属，然而经过调查发现，孙某早已离婚过着单身生活，无法寻找其亲属。后来，经过多方了解，终于找到了孙某的哥哥。孙某的哥哥闻讯后立即赶到医院探望，并及时将孙某车祸受伤的情况通报给其前夫及儿子，希望孙某的儿子能到医院帮助照料自己的母亲。然而，孙某的前夫认为，孙某与其离婚多年，一直未尽到母亲抚养儿子的责任，儿子因此无照料孙某的义务，所以，孙某的儿子一直没有前往医院探望。

就这样，孙某孤零零地躺在医院的病床上，靠医院的护士帮助料理。2009年5月，经过医院精心治疗，孙某的病情大为好转，医院便通知她出院，并叮嘱其出院后，要及时进行康复训练。然而，此时却无亲属来为孙某办理出院手续。由于其脑部、腿部受伤，孙某的语言表达能力受限,行动也不太方便。医院工作人员只能通过捐款来照顾孙某,但由于没有得到及时的正规康复训练,孙某的食物吞咽功能越来越差,体质也越来越弱,渐渐只能靠饮流质食物维持生命。对此,医护人员十分着急,希望其家人尽快将孙某接出医院进行康复治疗,然而,她的儿子却始终不见踪影。

2010年12月21日,孙某在医院去世。经法医鉴定,孙某是由于吞咽困难,导致严重营养不良,最后被活活饿死。

孙某的哥哥在知道情况后,找到孙某的儿子,希望其能料理母亲的后事,让死者早日入土为安。然而,儿子却认为,孙某生前没有尽到母亲的责任,他心中早已没有这样的母亲。无奈,孙某的哥哥告诉他,其是孙某唯一合法的继承人,除能够继承母亲生前经营的一家店铺外,还可以向肇事司机主张赔偿责任,孙某的儿子听说可以继承,便出面料理了母亲的后事。

2011年5月4日,孙某的儿子以孙某遗产第一顺序继承人的身份将肇事司机林某诉至法院,要求林某赔偿由于其责任造成孙某死亡的死亡赔偿金、丧葬费等共计50余万元。

林某认为孙某的儿子没有继承权。理由如下:2009年5月,医院已向孙某发出出院通知书,这说明经过治疗已经转危为安,并达到出院要求。是由于其儿子不愿接应母亲出院,没让孙某得到正规康复训练,才使得其母亲伤情加重。况且,法医已经鉴定,孙某是由于营养不良被饿死的,孙某的死亡原因完全是由于孙某的儿子拒绝照顾孙某,才造成了孙某死亡,所以不能承担由于孙某的儿子拒不照顾孙某造成孙某死亡的赔偿责任。同时林某还认为,作为孙某的儿子,原告在其母亲车祸受伤时不闻不问,而孙某去世后又以其遗产继承人的身份要求继承,这并不合情理。因此孙某的儿子无权继承孙某的遗产。

而孙某的儿子认为，由于多种原因，没能去医院探望母亲，但不影响遗产继承，本人是其母亲遗产的法定继承人，并且母亲的死亡是由于此次交通事故直接导致孙某死亡的主要原因，因此，林某理应赔偿。

母亲车祸后因为没人照料而被活活饿死，作为她的亲生儿子有无责任，有无资格继承母亲的遗产？

专家解析：

孙某的儿子虽然未前往医院探望、照料车祸受伤的母亲，这只能受到道德方面的谴责，不能替代法律赋予的继承权。我国《继承法》规定：遗产是公民死亡时遗留的个人合法财产，子女作为第一顺序法定继承人，有权继承父亲的遗产。除非死者生前立有遗嘱，否则，作为被继承人的子女，有法定继承其母亲遗产的权利。

我国《婚姻法》第二十一条明确规定：父母对子女有抚养教育的义务，子女对父母有赡养扶助的义务。但不少人错误地认为，如果父母没有尽到抚养义务，子女就有权不尽赡养义务。实际上，父母对子女的抚养义务和子女对父母的赡养义务是各自独立的，不存在一方履行义务要以对方尽义务为前提的说法，因此，尽管亲生父母没有抚养过子女，也不能免除子女对父母的赡养义务。

继承人继承权的是否丧失只能由人民法院根据客观事实和继承法的规定，以判决、裁定确认继承人是否丧失继承权，其他任何机关、单位和个人都无权确认公民继承权的丧失。依照最高人民法院《关于贯彻执行〈中华人民共和国继承法〉若干问题的意见》第九条规定：在遗产继承中，继承人之间因是否丧失继承权发生纠纷，诉至人民法院的，由人民法院根据继承法第七条的规定，判决确认其是否丧失继承权。

从本案的情况来看,孙某的儿子有涉嫌遗弃母亲的行为,如果再让其继承母亲遗产,明显不符合情理。但情理不能对抗法理,即便是继承人亦承认该违法行为的存在,其继承权也不会自动丧失,一定需要经过司法程序确认。最高人民法院《关于贯彻执行〈中华人民共和国继承法〉若干问题的意见》第十三条规定:继承人虐待被继承人情节严重的,或者遗弃被继承人的,如以后确有悔改表现,而且被虐待人、被遗弃人生前又表示宽恕,可不确认其丧失继承权。本案中,虽然孙某的儿子没有到医院探望被继承人,也没有尽赡养之责,但事后安葬了母亲,可以认定其有悔改表现。因此孙某的儿子有权继承孙某的遗产。

17."五保户"遗产怎么处理?

❀　　❀　　❀

根据最高人民法院《关于贯彻执行〈中华人民共和国继承法〉若干问题的意见》第五十五条规定:集体组织对"五保户"实行"五保"时,双方有抚养协议的,按协议处理;没有抚养协议,死者有遗嘱继承人或法定继承人要求继承的,按遗嘱继承或法定继承处理,但集体组织有权要求扣回"五保"费用。"如果属于无人继承的情况下按照《继承法》第三十二条"无人继承又无人受遗赠的遗产,归国家所有;死者生前是集体所有制组织成员的,归所有集体所有制组织所有"的规定处理。

案例:

原告:王某,男,52岁,某县华家乡马家村七组村民。

被告:某县华家乡马家村七组

原告王某因结婚后搬到妻子家里居住,在马家村七组落户,于1979年将其生母王某某迁户与自己同住。1982年,经人介绍王某某与马家村七组村民张某某同居,形成事实婚姻。王某某与张某某共同生活期间,王某对两位老人给予照料和帮助,尽到了赡养、扶助义务。1990年5月,张某某将其在1978年所购买的房屋以王某某的名义办理了房屋土地使用权证。1994年王某某去世后,王某仍然尽到了对张某某的赡养、照料义务,直至张某某去世。1995年,被告马家村七组为使张某老有所养,为张某某办理了"五保"手续。在"五保"期间,张某某共领取了500元的"五保金"和优先考虑"五保"户的200元救济款。被告还以其他形式给予张某某一定的帮助和照料。1998年正月,张某某去世,被告用张某某的存款办理了张的丧事。此后,被告以6000元的价款将张某某遗留的房屋出售给了他人。

原告王某以自己与张某某已形成了继父子间的扶养关系,系张某某的遗产继承人为理由,向被告索要售房款未果,遂向某县人民法院起诉,要求被告马家村七组返还其6000元售房款。

被告马家村七组答辩称:原告虽然对张某某尽了一定的义务,但双方没有扶养协议,未形成继父子间的扶养关系,原告无权继承张某某的遗产。被告为使张某某老有所养,为张某某办理了"五保"手续,且张某某享受了"五保"待遇。故张某某遗留的房屋售出所得款6000元应由被告集体所有。

某县人民法院经审理认为:原告王某在生活上给张某某一定的照顾,使得张某某与原告之间形成了扶养关系。形成扶养关系的继子有权继承继父的遗产,故原告对其继父张某某遗留房屋出售的价款有一定份额的继承权。被告对张某某进行"五保"虽不很规范，但在张某某晚年生活中从经济上、生活上给予主要的保障和照顾，并组织全组村民办妥了张某某的丧事，故应多分。该院依照《中华人民共和国继承法》第十条、第十三条，国务院《农村五保供养工作条例》第十九条的规定，于1998年7月10日判决如下：

张某某遗留房屋出售所得的现金6000元，由其继子原告王某分得2000元，被告分得4000元。

马家村七组不服一审判决，以王某未尽赡养义务，且王某不是法律所规定的形成扶养关系的继子女，无权继承张来喜的遗产为理由，向市中级人民法院提出上诉，请求改判。

市中级人民法院经审理认为：王某在其生母与其继父张某某共同生活后，一直给予了张某某生活上的照料、扶助，尽到了赡养义务，形成了继父子间的扶养关系，王某对张某某遗留的房屋依法享有继承权。马家村七组给张某某办了"五保"手续，并给张以生活上的照顾，且办理了张的丧事，虽然应当分得张某某的部分遗产，但不能以此剥夺王某的继承权。据此，马家村七组的上诉理由不成立，应予驳回，原判正确，应予维持。该院依照《中华人民共和国民事诉讼法》第一百五十三条第一款第（一）项之规定，于1998年12月7日判决如下：驳回上诉，维持原判。

专家解析：

本案是既存在继父子间的扶养关系，又存在"五保"关系。因此本案是发生在继子与村民小组之间的遗产分割纠纷案。

原告王某在其生母与其继父张某某形成事实婚姻后（新婚姻法颁布之前承认事实婚姻），王某作为张某某老人的继子始终给予了张某某老人以生活上的照料和扶助,直至张某某去世。这种照料与扶助行为是基于王某作为张某某的继子这种特殊身份而作出, 不是一般邻里之间的道义帮助,而是在尽赡养义务。因此,应当确认王某与张某某之间已形成继父子间的扶养关系。根据我国《继承法》第十条的规定,有扶养关系的继父母子女之间有继承权。最高人民法院《关于贯彻执行〈中华人民共和国继承法〉若干问题的意见》第五十五条规定:集体组织对"五保"户实行"五保"时,双方有扶养协议的,按协议处理;没有扶养协议,死者有遗嘱继承人或法定继承人要求继承的, 按遗嘱继承或法定继承处理,但集体组织有权要求扣回"五保"费用。据此,王某对张某某遗留的房屋应当享有继承权。

被告马家村七组在张某某没有法定扶养义务人的情况下, 为使张某某老有所养,给张某某办理了"五保"手续,并给予张某某以生活照顾和物质帮助等五保待遇, 其行为是积极的, 应当得到法律的肯定和保护。依照国务院《农村五保供养工作条例》第十九条规定:五保对象死亡后,其遗产归所在的集体经济组织所有。这实际上排除和否定了对五保对象遗产的继承。因此,马家村七组主张对遗留房屋的所有权并非没有法律依据。

由于最高人民法院的司法解释和国务院制定的法规在有关五保对象的遗产处理上的规定不相一致,亦不甚完善,给本案带来了法律适用上的困难。在审理中,对本案应如何处理,有三种不同意见:第一种意见认为,本案系遗产继承纠纷案,应适用继承法的有关规定处理。依照最高人民法院《关于贯彻执行〈继承法〉若干问题的意见》,王某对张某某遗留的房屋享有继承权,房屋出售款应归王某所有,但应从中扣除马家村七组原已给付的"五保"费用。第二种意见认为,本案系五保对象的遗产处理纠纷案,且按特别法优于普通法、后法优于前法的原则,本案应适用国务院《农村五保供养工作条例》的规定,张某某遗留的房屋应归马家村七组所有,王某无权要求分得房屋出售款。第三种意见认为,前述二种意见均有一定的道理,但带有片面性。为发扬我国尊老爱幼的优良传统、弘扬人道主义精神,依照最高人民法院《关于贯彻执行〈继承法〉若干问题的意见》和国务院《农村五保供养工作条例》的规定,应当确认王某和马家村七组对张某某的遗产都有权主张权利,他们享有的权利是平等共存的,不能互相否定。王某和马家村七组均有权要求分割遗产。同时按权利义务一致、公平、合理的原则,考虑到被告马家村七组在张某某"五保"期间,给予了张较多的物质帮助且组织办理了张的丧事,故应适当多分。第一二审采纳了第三种意见。

本案的争议焦点,一是确认了原告与被继承人张某某之间形成了有扶养关系的继父子关系,进而确认原告对张某某的遗产享有继承权。二是张某某作为农村五保对象,原告与负责提供五保供养的农村集体经济组织即被告之间均要求独自享有张某某的遗产(在案件中为6000元卖房款)的利益冲突。

这种利益冲突,一方面是由于原告对被继承人予以照料、扶助的扶养事实,以及被告对被继承人予以五保的事实之间所形成的客观利益冲突。另一方面是原告作为有权继承遗产的人,与被告作为提供五保供养的组织分别依不同的法律规范所产生的法律利益冲突。其法律利益冲突在原告依据继承法所主张的继承遗产的权利,与被告依据《农村五保供养工作条例》所主张的取得五保对象的遗产的权利之间的冲突。

《农村五保供养工作条例》第十九条规定：五保对象死亡后，其遗产归所在的农村集体经济组织所有；有五保供养协议的，按照协议处理。依该规定，似乎凡五保对象死亡的，其遗产都应归所在的农村集体经济组织所有，是排斥继承法适用的。该规定是否应作如此解释，应从以下几个方面考虑：

第一，五保的性质，依该条例第三条的规定，"五保供养是农村的集体福利事业"。因而，最高人民法院《关于贯彻执行〈继承法〉若干问题的意见》第五十五条规定：集体组织对"五保户"实行"五保"时，双方有扶养协议的，按协议处理；没有扶养协议，死者有遗嘱继承人或法定继承人要求继承的，按遗嘱继承或法定继承处理，但集体组织有权要求扣回"五保"费用。

第二，《继承法》是为了保护公民的继承权，对于丧失继承权的内容仅限于本法的第七条规定的四种情况。除此之外，有继承权之继承人不丧失继承权。

第三，《农村五保供养工作条例》是国务院根据宪法和法律，为执行法律的规定需要作出的规定，其规定不能超出法律规定的含义和范围。而《继承法》是国家人大制定的法律，《继承法》关于继承权丧失的规定属明确的限定性规定，除立法机关可作修改外，其他部门无权作出与其相反的规定。

综上，《农村五保供养工作条例》第十九条规定的理解，不能超出《继承法》的规定来理解，最高人民法院《关于贯彻执行〈继承法〉若干问题的意见》第五十五条的规定是符合继承法立法精神和农村五保实际的司法解释，应作为调整本案这种利益冲突的依据。

18.公产房拆迁安置款是不是遗产?

众所周知,公产房屋是不能作为遗产来继承的,那么,公产房的拆迁安置款能否作为遗产来继承呢? 这一问题在某某市某某区人民法院对鲁氏三姐妹起诉同胞兄弟鲁某继承案件的判决中作出了明确的答复。

案例:

邢某生前与早年去世的老伴鲁老先生共有四个女儿和一个儿子。多年来,邢某一直承租一间公产楼房。2004 年 9 月底,楼房拆迁,邢某的儿子鲁某代母亲与拆迁安置部门签订了房屋拆迁补偿安置协议,并领取了拆迁部门给付邢某的房屋安置补偿费 13.87 万元。国庆节期间,鲁某用 13.2 万元置换了一套公产楼房, 房屋承租人写在了自己的名下。12 月初,邢某病故。

由于对房屋拆迁安置补偿款的处理意见不一, 邢某的三个女儿把自己的同胞兄弟鲁某告上了法庭, 要求依法继承母亲邢某名下的房屋拆迁安置补偿款。邢某的另一个女儿明确表示放弃继承权。

原告在法庭上气愤地表示,鲁某私自处理母亲的拆迁款,用母亲的钱"购买"房屋,承租人还写在自己的名下,在母亲尚未过世的情况下就剥夺了母亲的住房权利,违背了母亲的意愿。她们认为,母亲既然已经去世,房屋拆迁安置补偿款作为母亲的遗产,她们当然有权依法继承。

邢某的儿子鲁某在法庭上解释说,他母亲生前多次向兄弟姐妹们表示,鲁家只有他这一个儿子,她再买房子就要买儿子家附近的,买了房子也直接"落"在儿子名下,"省得百年之后再过户又花钱又麻烦"。所以,母亲才将住房手续全部交给他,让他全权处理拆迁及购房等事情。为了使母亲能够住上冬季供暖的房屋,他领到拆迁安置补偿款后,就迅速置换了一套公产楼房,并按母亲的意愿由他来承租,目的就是让老人家生活得舒适、温暖。只可惜母亲病故,未能住上所买的房屋。鲁某据此辩称,母亲在生前就已经处置了房屋安置补偿款,所以自己的姐妹所主张的继承标的并不存在。况且母亲承租的是公产房,产权不属于个人,那么基于房屋租赁而产生的房屋使用权自然不能列入遗产,由公产房拆迁而产生的货币补偿金也不应列为遗产。为此,鲁某要求法院查明事实,尊重老人的真实意思,驳回三姐妹的诉讼请求。

法院一审判决认定:被继承人邢某名下承租的公产房经拆迁所得安置补偿费应属邢某生前的个人财产。由于邢某已经死亡,对于她所遗留的拆迁补偿费 13.87 万元,应作为遗产由其主张继承的子女按法定第一继承顺序继承。三原告与被告作为第一顺序的法定继承人,应在扣除被告为邢某支付的医药费及丧葬费近万元后,余额由双方共同等额继承,被告鲁某给付三姐妹继承款各 3.25 万元。

专家解析:

公产房屋是不能作为遗产来继承的,但是公产房拆迁所得的安置补偿费应属于个人财产,因此公产房拆迁安置款属于遗产可以继承的。

19.农村房屋拆迁安置款是不是遗产?

农村宅基地房屋拆迁补偿原则上分为房屋补偿和宅基地使用权补偿。关于地上物的补偿,应当归属房屋权利人。房屋权利人已死亡的,拆迁补偿款可按继承关系处理。农村宅基地房屋权利人已死亡,若其所立遗嘱未对缺乏劳动能力又没有生活来源的继承人保留必要遗产份额的,则遗嘱无效,房屋拆迁补偿款按法定继承处理。

案例:

魏某某与张某某于2000年登记结婚,婚后生有一女张小某,并与婆婆高某某、公公张老某共同生活。1991年坐落于陶家屯的房屋办理了宅基地使用证,该证登记户主为魏某某的丈夫张某某,宅基地使用权审核表中还载有魏某某及儿子张某某的名字。2005年张某某死亡。2009年张老某死亡。张老某生前于2007年7月9日立下一份遗嘱,遗嘱将其遗产全部由高某某继承。2010年,上述房屋因政府占地修高速公路征用而动迁。并签订了动迁补偿安置协议,动迁补偿款共计50余万元。魏某某要求分割并继承该动迁补偿款,但高某某称争议房屋系与丈夫张老某建造,房屋为其与丈夫张老某所有,不属遗产继承范围,并且张老某生前立有遗嘱,其遗产全部由高某某继承。因此不能分给魏某某遗产。

专家解析：

本案争议焦点主要是农村宅基地房屋拆迁补偿款在遗产继承中的认定与处理问题。对本案的处理，首先要明确张老某所立遗嘱是否合法有效。因为张老某所立遗嘱对缺乏劳动能力又没有生活来源的张小某没有保留必要的遗产份额，故张老某所立遗嘱无效，应该根据继承法的规定适用法定继承。并且张某某在张老某之前死亡，张小某就要适用代位继承。

诉争房屋经农村宅基地使用权登记，未进行新建、翻建、改扩建的，以农村宅基地使用权证核定人员为房屋的权利人。宅基地使用权证及审核表登记内容是确定农村宅基地房屋所有权的重要依据。诉争房屋的宅基地审核表登记有高某某、张老某及魏某某的丈夫张某某，因此这三人对诉争房屋享有所有权。另外，本案房屋系张老某建造的，应认定高某某与丈夫张老某对诉争房屋具有主要贡献，可予以多分，对张某某适当予以少分。因该宅基地房屋系家庭共同所有，故对该财产的分割，除考虑权利人对财产的贡献大小外，还应结合财产来源、居住状况等一并予以考虑。由于张某某死亡后，魏某某带女儿即搬离系争房屋，故搬家补助、安置补助费、奖励费、速迁奖应归高某某所有。

关于张老某遗嘱的效力。遗嘱应当对缺乏劳动能力又没有生活来源的继承人保留必要的遗产份额，但张老某所立遗嘱却将其遗产全部处分给高某某继承，而对缺乏劳动能力又没有生活来源的张小某没有保留必要的遗产份额，因此张老某所立遗嘱无效。本案中，张某某先于其父张晓明死亡，根据继承法关于代位继承的规定，即被继承人的子女先于被继承人死亡的，由被继承人的子女的晚辈直系血亲代位继承，且代位继承人一般只能继承他的父亲或者母亲有权继承的遗产份额。

因此,魏某某、张小某基于继承关系主张宅基地使用权,进而主张分割宅基地房屋拆迁补偿款,于法有据。本案中张小某代位继承其父张某某应得份额。张老某所得份额作为其遗产适用法定继承,由高某某和张小某进行继承。张某某所得份额作为其遗产亦应按照法定继承的顺序由魏某某、张小某、高某某及张老某继承。

20.保管人侵吞遗产怎么办?

遗产的保管人,是指对死者的遗产负有保存和管理之责的人。存有遗产的人应当妥善保管遗产。所谓存有遗产的人,是指被继承人死亡时,实际控制遗产的人。存有遗产而且负责保管的人称为遗产保管人。遗产保管人既可以是继承人,也可以是遗嘱执行人,还可以是其他人。

遗产保管人应对遗产妥善保管,非经全体继承人同意,不得使用、处分遗产。保管人不称职的,可经继承人或其他利害关系人的申请而更换。保管遗产所花的费用,最后从遗产的价值中扣除。保管人侵吞或故意损坏遗产的,继承人、被继承人生前债权人可向法院起诉,要求返回或赔偿损失。

案例:

小王的父母于 2005 年先后去世,留有一套房产,小王还有一个哥哥,一个妹妹,小王父母去世时并没有留有任何遗嘱。2006 年该房产面临拆迁,三子女经过协商一致后,将拆迁安置事宜委托给小王的哥哥代为处理,并商定拆迁完毕后再分割财产。现拆迁完毕,拆迁补偿款及拆迁安置房都已到位,但小王的哥哥却一直霸占房屋及钱款,现小王和其妹妹如何维护自己的权益?

专家解析:

依据《中华人民共和国继承法》第二十四条规定:存有遗产的人,应当妥善保管遗产,任何人不得侵吞或者争抢。

本案中,小王及其妹妹均无丧失继承权之情形,在父母未留有遗嘱的前提下,均合法享有继承权。我国《继承法》第十条规定:第一顺序继承人为配偶、子女、父母。只要继承人未发生丧失继承权的情况,都依法享有继承权利。同时,保管遗产的人,应妥善管理,任何人不得侵吞或争抢。继承人应本着互谅互让的精神,协商处理继承事宜。若未能达成一致,小王和妹妹应向人民法院诉讼解决。

21.不当得利能否作为遗产继承?

不当得利,是指没有法律上的根据,使他人受损失而获得利益。依据《中华人民共和国民法通则》第九十二条的规定:没有合法根据,取得不当利益,造成他人损失的,应当将取得的不当利益返还受损失的人。

如果受损失人死亡,其继承人也可以继承因该不当得利产生的债权,有权请求受益人返还其取得的不当得利。

《中华人民共和国继承法》第三条规定:遗产是公民死亡时遗留的个人合法财产,包括:(一)公民的收入;(二)公民的房屋、储蓄和生活用品;(三)公民的林木、牲畜和家禽;(四)公民的文物、图书资料;(五)法律允许公民所有的生产资料;(六)公民的著作权、专利权中的财产权利;(七)公民的其他合法财产。

由此看见,继承的财产必须是合法财产,不当得利不是合法财产,因此不能够继承。

案例:

赵甲有一个弟弟赵乙,因意外造成下肢瘫痪一直没有成亲,与父母共同生活。1988年村上成立了砖瓦厂,并租用了父母及赵乙共有的承包地,每年给付租金670元。1991年,赵乙的病情恶化,赵甲的父母与赵甲商议,让赵甲的儿子也就是赵乙的侄子赵丙为赵乙扛幡(送终),待二老百年后,现居住的房屋及宅基地均归赵乙所有。1992年赵乙去世,赵丙以自己已给赵乙扛幡而应继承其财产为由,将砖瓦厂给付的租金占为己有。赵甲的父母要求其返还,而赵丙拒不返还。

专家解析:

本案的焦点为侄子为其叔父扛幡是否享有继承权的问题。根据我国《继承法》第十条规定:遗产按照下列顺序继承:第一顺序配偶、子女、父母。第二顺序兄弟姐妹、祖父母、外祖父母。可见,死者的法定继承人仅包括以上法律规定的几种,不包括死者的侄子,因而赵丙不是赵乙遗产的法定继承人。《继承法》第五条规定:继承开始后,按照法定继承办理;有遗嘱的,按照遗嘱继承或遗赠办理;有遗赠抚养协议的,按照协议办理。本案不存在遗嘱、遗赠和遗赠协议的问题,理应按法定继承办理。在本案中,赵乙一直随父母生活,砖瓦厂租用的土地是赵乙及其父母的承担地,租金收益应属于其三人的共同财产。1992 年赵乙去世时,砖瓦厂给付的租金收益,依法应由其父母享有。赵丙以自己已给赵乙扛幡而应继承其财产为由,领取并占有砖瓦厂给付 1992 年度的 670 元土地承包收益,无法律依据和事实依据。因此赵乙在没有法律依据、事实依据的情况下, 领取占有作为遗产处理的 670 元土地承担经营权收益属不当得利,应予返还。

22.非法所得的财产是否可以作为遗产?

《中华人民共和国继承法》第三条明确规定:遗产是公民死亡时遗留的个人合法财产,包括:(一)公民的收入;(二)公民的房屋、储蓄和生活用品;(三)公民的林木、牲畜和家禽;(四)公民的文物、图书资料;(五)法律允许公民所有的生产资料;(六)公民的著作权、专利权中的财产权利;(七)公民的其他合法财产。第四条规定:个人承包应得的个人收益,依照本法规定继承。个人承包,依照法律允许由继承人继续承包的,按照承包合同办理。所谓的合法财产是指公民通过正当、合法的途径、方法、手段(至少不为法律所禁止)取得的财产所有权和其他可供支配的权益。如果是被继承人通过非法途径、非法手段、非法占有的财产,只能认定为非法所得,应依法收缴。

案例：

黄某伙同他人入室抢劫多起，共计分得赃款 5 万元及一些黄金饰品，当时价值 10 万元左右。1994 年案发黄某被公安机关拘捕，并从其家中搜出现金 5 万元，黄金饰品当时未能查获。同年 7 月，中级法院开庭审理此案，黄某乘休庭间隙会见亲属时，以暗语叮嘱其妻刘某尽快将藏于亲戚家中的赃物转移。刘某回家以后，即取出赃物，并藏于家中的院子里。

1995 年黄某被判处死刑，剥夺政治权利终身，经省高级人民法院核准，执行枪决。黄某被执行死刑后，刘某一直未敢动这些黄金饰品。直至 2003 年，刘某才将藏有黄金饰品的箱子挖出，并兑换成现金 17 万元整。刘某的儿子得知此事后，恐为其母独吞，就向刘某索要。刘某声称这些钱款应属黄某和刘某夫妻共同财产，刘某的儿子则坚持应当均分继承。双方争执不下，刘某的儿子即向当地法院提起诉讼，经法院审理查明双方争议的 17 万元，确属黄某抢劫的黄金饰品兑换所得，因此判决此钱款予以追缴。

专家解析：

公民对其个人财产享有的所有权，是一种重要的民事权利。作为国家法律赋予的权利，当然以合法性为前提。如果某公民的财产是以非法手段取得的，那么这种财产即使暂时还在该公民的占有、控制之下，也不能得到国家法律的承认和保护。如本案中的被继承人黄某生前抢劫的现金及黄金饰品等，均属非法所得的财产，依法本应予以没收或追缴，因而不能作为黄某个人所有的合法财产，或者说黄某对这些财产不能享有所有权。既然连所有权都不享有，黄某生前就不能处分这些财产,死后更不能作为遗产由其继承人继承。本案中的继承人刘某在黄某生前就伙同丈夫隐匿、转移赃款,其行为亦属违法。当黄某因严重犯罪行为被司法机关判处死刑后,刘某就应知道丈夫生前所遗留的这些财产确属赃款,却仍然企图以继承人名义据为己有,理所当然地被人民法院驳回。不仅如此,刘某的窝赃行为已经构成犯罪,还应受到法律制裁。

由上可见,继承人非法所得的财产,不能享有合法的所有权,因而也就不能作为被继承人的个人财产。法律性质上已不属遗产范围,所以也就不存在继承的问题。因此,从根本上说,被继承人非法所得的财产不能作为遗产由继承人继承,与我国《继承法》关于遗产范围的规定是完全一致的。这也就是我国《继承法》第三条规定中的"合法财产"的本质含义。

应当承认,在实际生活中,尽管通过违法犯罪行为攫取财产者是极少数,但确也存在对此缺乏必要的法律常识,以至在处理遗产继承事务和纠纷中,只注意这些财产是否曾为被继承人实际占有,而不去进一点分析它们是否合乎所有权的法律性质。

因此,被继承人既然对其非法占有的财产没有合法所有权,那么不论隐藏多少年,也不能作为遗产来由继承人进行继承。

23.保险金是不是遗产?

根据最高人民法院《关于保险金能否作为被保险人遗产的批复》中

规定:(一)根据我国保险法规有关条文规定的精神,人身保险金能否列入被保险人的遗产,取决于被保险人是否指定了受益人。指定了受益人的,被保险人死亡后,其人身保险金应付给受益人;未指定受益人的,被保险人死亡后,其人身保险金应作为遗产处理,可以用来清偿债务或者赔偿。(二)财产保险与人身保险不同。财产保险不存在指定受益人的问题。因而,财产保险金属于被保险人的遗产。

案例:

某某县南焦村个体三轮摩托车司机孙某某于 1986 年 5 月 26 日运送货主张某某及其货物(锡锭)时,在京广铁路窦姬道口与火车相撞,致孙某某、张某某双亡,三轮摩托车毁损。这次事故应由孙某某负责。孙某某生前在本县保险公司除投保了车损险(保险金为 3500 元)外,还投保了人身意外伤害险(保险金为 5000 元),并指定了受益人为其妻子郭某某。现托运人张某某之妻梁某某向某某县人民法院起诉,要求承运人孙某某之妻郭某某给予赔偿。

专家解析:

此案例是某某省高级人民法院报请最高院批示的案例。十分具有典型性。在此案件中出现了两种保险,一种是财产险,一种是人身意外伤害险。在人身意外伤害险中指定了收益人。所以依据最高院的批复被保险人死亡后,其人身保险金 5000 应付给受益人,不能作为遗产继承。而车辆的车损险中的保险金 3500 元应当作为被继承人孙某某的遗产继承。

本案中原告要求郭某某给予赔偿,但郭某某可以以其继承的遗产为限进行赔偿,但就其作为受益人获得的 5000 元免于赔偿责任。

24.空难死亡赔偿金能否作为遗产继承？

空难死亡赔偿金是航空公司为了补偿空难死者的近亲属所遭受的精神损失，而支付的带有精神损害赔偿性质的补偿金。其目的是为了对死者近亲属进行精神抚慰。由此可见赔偿金不是给予空难死者的所以不能作为遗产继承。

案例：

李某的父母在一次空难中丧生，航空公司因此给付李某 150 万元的死亡赔偿金。时隔两个月一个自称是李某的父母生前的朋友吴某找到李某，要求李某偿还李某父母欠下的 200 万元债务。李某一直不予回应，后吴某起诉法院要求李某以继承遗产为限偿还其父母的债务。

专家解析：

死亡赔偿金应当作为民事侵权损害的赔偿项目，是在民事侵权纠纷中主张权利。根据《(2004)民—他字第 26 号最高人民法院关于空难死亡赔偿金能否作为遗产处理的复函》"空难死亡赔偿金是基于死者死亡对死者近亲属所支付的赔偿。获得空难死亡赔偿金的权利人是死者近亲属，而非死者。故空难死亡赔偿金不宜认定为遗产"。因此航空公司给付的 150 万元死亡赔偿金不能作为遗产，不能用于偿还李某的父母拖欠的债务。此赔偿款的所有权是李某的，不必偿还债务，而本案吴某只能主张用李某夫妇的遗产受偿。

25.因犯罪被判处徒刑或者死刑的人是否还有继承权?

《中华人民共和国继承法》第七条的规定:继承人有下列行为之一的,丧失继承权:(一)故意杀害被继承人的;(二)为争夺遗产而杀害其他继承人的;(三)遗弃被继承的,或者虐待被继承人情节严重的;(四)伪造、篡改或者销毁遗嘱,情节严重的。根据规定不难看出,继承人有故意杀害被继承人、为争夺遗产而杀害其他继承人、遗弃而杀害其他继承人、遗弃被继承的或者虐待被继承人情节严重、伪造或者篡改、销毁遗嘱情节严重的行为之一的丧失继承权。其他犯罪,如抢劫罪等,并不因此丧失继承权。

未被剥夺继承权的罪犯,由于服刑期间人身自由受到限制,不可能亲自行使继承权参加继承,其继承权一般由其近亲属代为行使并负责保管。如果其他继承人或遗产保管人侵犯其合法权益的,服刑犯人得知后,有权依照法律规定,向法院提起诉讼,维护自己的合法权益。

案例:

张某某在位于某某市高新北区的一个水库打工,因与水库的合伙人李某不合,双方经常发生口角,2012年6月双方又因琐事发生了争执,张某某从地上拿起砖头照着李某的头部拍了下去,李某当场死亡,张某某意识到自己的行为已经构成犯罪,便主动打电话报警。12月2

日高新区人民法院以故意伤害罪判处张某某有期徒刑10年(因张某某有自首情节)。

张某某的母亲在知道儿子被判刑后,着急上火而因病去世(父亲已经去世),留下现金10万元及一套房产,张某某的哥哥便搬进该房屋居住,哥哥在办理房屋产权过户手续时,房产机关要求所有继承人到场签字放弃继承权,房屋才可以更名到哥哥的名下,哥哥委托公证处到监狱,要求公证张某某放弃继承权,称母亲是因张某某才死亡的,因此张某某无权继承母亲的遗产,问张某某是否能够继承母亲的遗产?

专家解析:

因刑事犯罪被判处有期徒刑或死刑,会在一定期限内被剥夺自由或者是永久地被剥夺人身自由甚至被剥夺生命,有的还会被剥夺政治权利。但作为民事权利的继承权是不能被剥夺的。本案中张某某没有实施《继承法》第七条规定的四种行为,其就仍然享有继承权。除了法律明文规定丧失继承权的情况之外。任何单位和个人都不能剥夺公民享有继承先人遗产的权利,因为这种民事权利的存在是以公民的生存为依据的。

被判处徒刑但没有丧失继承权的人,可由其代理人(如亲属、朋友、原工作单位)经授权后代其行使继承权,并为其保管所获得的遗产,待其刑满后将其所获得的遗产交还于他。因此,张某某的哥哥只能代其保管获得的遗产,待张某某刑满释放后将遗产归还于他,而不能将所有遗产占为己有。

26.养子女在继承了养父母的遗产后,还能否继承生父母的遗产?

根据我国最高人民法院《关于贯彻执行〈中华人民共和国继承法〉若干问题的意见》第十九条规定:被收养人对养父母尽了赡养义务,同时又对生父母扶养较多的,除可依继承法第十条的规定继承养父母的遗产外,还可依继承法第十四条的规定分得生父母的适当的遗产。由此可见养子女可以继承养父母的遗产,但不能继承生父母的遗产,如果对生父母扶养较多,只能根据《继承法》第十四条的规定适当分得遗产。但需要注意的是必须是对生父母扶养较多。

法律由此规定有其深层的意义。因为收养关系一经成立,养子女与生父母的权利和义务即因收养关系的成立而消除。也就是说,收养关系一经成立,即产生两个法律后果:一是确立了养子女与养父母之间的权利义务关系;二是消除了养子女与生父母之间的权利义务关系,也就是被收养的子女不再承担赡养其亲生父母的义务,同时也丧失了继承其亲生父母遗产的权利。同理亲生父母不再承担抚养亲生子女的义务,也不再享有被赡养以及继承亲生子女遗产的权利。

在1950年最高人民法院华东分院对苏南人民法院关于养子女如已继承了养父母遗产,是否还可以继承生父母的遗产曾经有过批复,内容如下:"问:养子女如已继承了养父母的遗产,是否还可以继承其生父母的遗产? 答:养子女如已继承了养父母遗产,不应再有主张继承生父母遗产的权利。因为家庭在今天还是一个生活和生产单位，养子女参加了另一个家庭，虽然在感情上不要求他(她)与亲生父母割断，但是在财产关系上则应清楚分开，如果养父母家没有财产，而被收养的子女生活又困难，本着兄弟姊妹互助的精神可以要求酌量给予生父母的遗产。倘有这种具体案件发生，应结合双方实际经济情况以及参照兄弟姊妹间的劳动能力，作适当的处理。另一方面，如果亲生父母生活困难，经别人收养的子女经济宽裕的时候，他们对亲生父母也还是应该加以照顾的(土改分得的土地，应为各人所有，应与父母的遗产显有区别，应加注意)"

虽然是上世纪50年代的最高院的批示，其中仍可看到我国对待收养关系和继承问题的态度。

案例：

李某5岁时被李某某夫妇收养，并办理了收养手续。在李某20岁时因为与养父母关系不和，双方解除了收养关系。最近，李某的生母因病去世，在分割遗产时，李某提出因为已经与养父母解除了收养关系，所以现在他可以继承生母的遗产。但是亲生哥哥和两个姐姐认为既然李某已经被李某某收养，就不是自己家的人了，不能作为母亲的继承人继承母亲的遗产。就此问题双方争执不下诉至法院。

法院经审理认为：李某已经被李某夫妇收养，自收养关系成立之时李某就与其亲生父母解除了权利义务关系，所以收养关系成立后，李某不能继承生父母的遗产。因为李某已经成年，即使其与李某某夫妇解除了收养关系也不能当然的继承生父母的遗产，又因为李某与其他兄弟姐妹不能就继承问题达成协议。因此判令原告李某不能作为继承人继承被继承人的遗产。

专家解析：

根据《中华人民共和国收养法》第二十三条规定：自收养关系成立之日起，养父母与养子女间的权利义务关系适用法律关于父母子女关系的规定；养子女与养父母的近亲属间的权利义务关系，适用法律关于子女与父母的近亲属关系的规定。养子女与生父母及其他近亲属间的权利义务关系，因收养关系的成立而消除。所以，在收养关系成立后，养子女只能继承养父母的遗产，而不能继承生父母的遗产。本案中涉及到如果收养关系解除，养子女是否可以继承生父母的遗产这个问题。我国《收养法》第二十九条规定：收养关系解除后，养子女与养父母及其他近亲属间的权利义务即行消除，与生父母及其他近亲属间的权利义务关系自行恢复，但成年养子女与生父母及其他近亲属间的权利义务关系是否恢复，可以协商确定。从这一法律条文中可以窥见，如果养子女未成年那么一旦解除收养关系，其与生父母的权利义务关系自行恢复，也就是说如果养子女解除收养关系时未成年，其就有权利继承生父母的遗产。如果解除收养关系时已经成年，其又没有与生父母协商是否恢复与生父母的权利义务，就不能继承生父母的遗产。

27.被继承人死亡后没有法定继承人，尽到赡养义务的其他人是否可以分得全部遗产？

根据最高人民法院《关于被继承人死亡后没有法定继承人，分享遗产人能够分得全部遗产的复函【1992】》的精神，当事人对死者尽到生养死葬的义务,依据《继承法》第十四条的规定,可以分给他适当的遗产。但是继承和享受遗产是有区分的,"继承"包括被继承人生前权利的继承,而享受遗产只是对死者遗产部分或全部享受,高院给出的答复意见中表示尽到赡养义务的人对于死者生前的权利也是有权享受的。

案例:

本案例出自某某省高级人民法院请示最高人民法院给予批复的案例。

原告沈某的叔祖父沈某某(1968年死亡)、叔祖母戴某某(1984年死亡)有坐落于某某市某某镇玉带路75号瓦平房四小间和玉带路陶家巷6号瓦平房大小共六间。戴某某死亡后无法定继承人。1970年被告马某某原住房屋因国家建设拆迁,经韩某某等人介绍并见证,典进戴某某的玉带路75号四小间房屋,典契载明:"玉带路86号(原门牌号)沈戴氏有破旧瓦房四小间现急要倒塌,重典于马某某,计人民币五百元,不拿房租,不限年限,房屋由马某某修建为两大间,一厨房与沈戴氏无关,修建费由马某某负责,以后如沈戴氏收回房子,除掉交五百元房金外并付给马某某全部修建费用以手续结算。"典契签订后,钱、房两清,马某某即将房屋改建为三间,另有一天井,嗣后又增建了披屋和院墙、自来水等设施,居住使用至今。1975年,原告沈某搬至玉带路陶家巷6号与沈戴氏共同生活(户口于1975年12月迁入),承担了沈戴氏的一切生活费用(包括医疗)和死后殡葬义务。1982年被告马某某经城建部门批准,欲将房屋翻建为楼房,沈戴氏曾出面阻止,致翻建未成。1989年原告沈某某以对其叔祖母沈戴氏生前进行了赡养和死后遗留给其典契为据向原审人民法院提起诉讼,要求回赎房子。

专家解析:

最高人民法院给予的批复意见是:"沈某某与叔祖母沈戴氏共同生

活十多年,并尽了生养死葬的义务。依照我国继承法第十四条的规定,可分给沈某某适当的遗产。根据沈戴氏死亡后没有法定继承人等情况,沈某某可以分享沈戴氏的全部遗产,包括对已出典房屋的回赎权。至于是否允许回赎,应依照有关规定和具体情况妥善处理。"

根据《继承法》第十四条规定,对于尽到赡养义务的其他人可以分给适当的遗产,如果死者没有继承人就可以分得死者的全部遗产,当然这里的遗产不仅包括财产也包括继承法中可以继承的财产性权利。

28.夫亡后收养的子女能否代位亡夫继承遗产?

养子与养母之间的收养关系成立的前提下,养子应享有生子女的同等权利,但是养子不是在养母与其丈夫在生前共同收养的,而是养母的丈夫死亡后单方收养,养子与养母的丈夫并没有形成养父子关系,因此养子也就无权代位继承养母公婆的遗产,

案例:

丁某 1967 年结婚,后丈夫于 1969 年因病死亡,丁某考虑以后养老问题,于 1971 年丁某收养了一子取名顾某,母子二人与公婆共同生活。1979 年丁某的公婆先后死亡。顾某成年后,自 1991 年起一直在外地工作,并在工作地点结婚生子,十多年来从来不与养母丁某有任何联系,也不尽赡养义务。养母丁某只能依靠公婆遗留下来的三间房屋出租两

间和自己做临时工维持生活。2004 年,顾某回到养母丁某处称:"房屋是祖父母留下的遗产,我有继承的权利。"并与养母丁某发生纠纷,当众殴打了养母丁某,强行占了两间房屋,并将房门上锁不住,准备将该房卖掉,丁某无奈向法院提起诉讼,要求顾某归还侵占的房屋。

专家解析:

我国法律规定,养子女和养父母之间的权利和义务适用于亲子女和生父母之间的权利义务,养子女也可以代位继承祖父母、外祖父母的遗产。但是,收养子女必须夫妻双方同意后共同收养,因为收养子女涉及对养子女的抚养责任与对养父母的赡养和遗产继承等问题,所以收养子女必须夫妻双方经协商同意共同收养后才能对夫妻双方都产生法律效力。夫或妻一方收养的子女,另一方始终不同意的,法律只承认与收养一方的收养关系成立。丁某是在丈夫死亡后才收养顾某为养子的,不是丈夫生前和她共同收养的子女,所以与丁某的丈夫没有养父子关系。同理,顾某与丁某公婆也没有祖孙关系。因此,顾某并没有取得丁某死去丈夫的养子身份,也就无权代丁某死去的丈夫去继承丁某公婆的遗产。

那么,丁某公婆的对财产应该由谁继承呢?答案是丁某。因为,根据我国《继承法》第十二条的规定:丧偶儿媳、女婿对公婆、岳父母尽了主要赡养义务的,作为第一顺序继承人。本案中丁某在丈夫死亡后与公婆共同生活直至公婆先后去世,而且其公婆也没其他子女,丁某对公婆尽了主要赡养义务,符合我国《继承法》关于丧偶儿媳对公婆尽了主要赡养义务的,作为第一顺序继承人的规定。因此,丁某是公婆遗产的唯一的第一顺序继承人,其公婆的遗产只能由丁某继承。

如果养母丁某去世后，作为养子的顾某是否能够继承丁某的继承权呢？就本案来讲，顾某已经丧失了对养母丁某遗产的继承权。因为顾某被丁某抚养成人后，自1991年到外地工作并在工作地结婚以来，十多年从来没有与养母丁某有过任何联系，也不给养母丁某寄过赡养费，而养母丁某是无独立生活能力的人，仅靠出租公婆留下的二间房屋和做临时工维持生活。根据《继承法》中第七条："遗弃被继承人的，丧失其继承权"的规定，顾某的行为是对养母丁某的遗弃行为，因此将来对养母丁某的遗产亦将丧失其继承权。

因此本案可以认定，丁某对公婆尽了主要赡养义务，是其公婆的唯一继承人，理应由丁某全部继承公婆的遗产，顾某无权代位继承丁某公婆的遗产，应无条件将房屋归还。

29.父母丧失继承权子女可适当分得遗产?

《中华人民共和国继承法》第七条规定:继承人有下列行为之一的，丧失继承权:(一)故意杀害被继承人的;(二)为争夺遗产而杀害其他继承人的;(三)遗弃被继承人的，或者虐待被继承人情节严重的;(四)伪造、篡改或者销毁遗嘱，情节严重的。

第十一条规定:被继承人的子女先于被继承人死亡的，由被继承人的子女的晚辈直系血亲代位继承。代位继承人一般只能继承他的父亲或者母亲有权继承的遗产份额。

第十三条规定:同一顺序继承人继承遗产的份额,一般应当均等。对生活有特殊困难的缺乏劳动能力的继承人,分配遗产时,应当予以照顾。对被继承人尽了主要扶养义务或者与被继承人共同生活的继承人,分配遗产时,可以多分。扶养能力和有扶养条件的继承人,不尽扶养义务的,分配遗产时,应当不分或者少分。继承人协商同意的,也可以不均等。

第十四条规定:对继承人以外的依靠被继承人扶养的缺乏劳动能力又没有生活来源的人,或者继承人以外的对被继承人扶养较多的人,可以分给他们适当的遗产。

最高人民法院《关于贯彻执行〈中华人民共和国继承法〉若干问题的意见》中的第十三条规定:继承人虐待被继承人情节严重的,或者遗弃被继承人的,如以后确有悔改表现,而且被虐待人、被遗弃人生前又表示宽恕,可不确认其丧失继承权。

第二十八条规定:继承人丧失继承权的,其晚辈直系血亲不得代位继承。如该代位继承人缺乏劳动能力又没有生活来源,或对被继承人尽赡养义务较多的,可适当分给遗产。

案例:

刘某与丈夫于 1998 年结婚,婚后育有一子吴甲一女吴乙。2002 年刘某丈夫去世。刘某含辛茹苦把孩子抚养成人。吴乙成年后出嫁在外地生活。吴甲与齐某结婚后生育了吴丙,刘某和吴甲一家祖孙三代一起生活。由于重男轻女的观念,刘某对儿子吴甲比较娇惯,吴甲自小就养成自私自利的性格,并且生性脾气暴躁,对母亲刘某常有虐待、遗弃行为,且程度与日俱增。刘某不堪忍受遂向人民法院依法起诉,吴甲因遗弃罪被判入狱两年。齐某也改嫁到外地，吴丙当年只有十一岁，不愿跟随母亲到外地生活，因此，仍然跟随祖母刘芳一起生活，相依为命。吴甲在狱中因心脏突然发病而死亡。在吴甲死后的第二年刘某病逝。刘某死后留有瓦房三间及现金22万元。吴乙在母亲死后多次找到吴丙，称自己是刘芳遗产的唯一合法继承人，并说吴丙的父亲吴甲有虐待、遗弃被继承人行为，并且因此被判刑，因此吴甲已丧失继承权，吴丙也就无权代位继承祖母刘某的遗产。吴丙为了生活和有居住的地方坚决不同意，吴乙遂向人民法院依法提起诉讼，请求由自己继承刘某的遗产。

法院经审理认为，吴甲、吴乙作为刘某的子女，是刘某遗产的合法继承人，依法享有遗产的继承权。吴甲先于被继承人刘某死亡，吴甲的儿子吴丙按照法律规定本来可代位继承吴甲应当继承之份额，但因为吴甲遗弃、虐待被继承人刘某而丧失了继承权。所以吴丙无权代位继承遗产。但是，考虑到吴丙尚未成年，生活比较困难，而且与被继承人刘某长期生活尽了较多的赡养义务，可以适当分给遗产。法院判决吴丙分得瓦房一间和现金10万元，吴乙分得二间瓦房和现金12万元。

专家解析：

本案焦点的问题，一是甲刚丧失继承权后其子吴丙是否还能够代位继承祖母刘某的遗产？二是为什么法院认为要分给吴丙部分遗产？

（一）吴甲丧失继承权后其子吴丙是否还能够代位继承祖母刘某的遗产？

1.首先应先了解什么是代位继承，吴丙是否有代位继承权的问题。

根据《中华人民共和国继承法》第十一条规定：被继承人的子女先于被继承人死亡的，由被继承人的子女的晚辈直系血亲代位继承。代位继承人一般只能继承他的父亲或者母亲有权继承的遗产份额。由此不难看出,在代位继承的情况下,代位继承人代替被代位继承人所固有的继承地位、顺序和应继份额。代位继承是为弥补第一顺序继承人中子女的缺额而设定的,在正常情况下,被继承人死亡时其子女便依法同其他第一顺序的法定继承人一起直接行使继承权,法律确认先亡子女的晚辈直系血亲代位继承,实质就是赋予他们代表先亡长辈直系血亲取得本应由其继承的遗产,如果被继承人的子女先于被继承人死亡,则第一顺序继承中就产生了空缺,原应由先亡子女继承的那一部分遗产份额就可能成为无人继承的财产。

从上述不难看出,本案中吴甲与吴乙均为刘某的子女,作为第一顺序的继承人依法享有对刘某遗产的继承权。虽然吴甲先于被继承人刘某死亡,但是不论其是正常死亡还是非正常死亡,都不影响吴甲的儿子丙志按照法律规定代位继承遗产份额。

2.其次分析吴甲已丧失继承权,其子吴丙是否能够代位继承祖母遗产的问题。

根据《中华人民共和国继承法》第七条规定:继承人有下列行为之一的,丧失继承权:(一)故意杀害被继承人的;(二)为争夺遗产而杀害其他继承人的;(三)遗弃被继承人的,或者虐待被继承人情节严重的;(四)伪造、篡改或者销毁遗嘱,情节严重的。在本案中法定继承人之一的吴甲因遗弃、虐待被继承人刘某被判入狱两年,可以认定吴甲的遗弃、虐待行为已经达到了情节严重的法律构成要件。

我国最高人民法院《关于贯彻执行〈中华人民共和国继承法〉若干问题的意见》第十三条规定:继承人虐待被继承人情节严重的,或者遗弃被继承人的,如以后确有悔改表现,而且被虐待人、被遗弃人生前又表示宽恕,可不确认其丧失继承权。由此可知,如果继承人存在上述四种情节之一就丧失了继承权,只有在因遗弃、虐待而丧失继承权,但是确有悔改表现并且被继承人生前宽恕的情况下才没有丧失继承权。然而刘某生前也没有表示宽恕,所以对于刘某的遗产吴甲不享有继承权,被继承人的先亡子女生前就丧失了继承权,其晚辈直系血亲也就没有代位继承权,吴丙也就不能代位继承其遗产。

(二)为什么法院会分给吴志部分遗产?

《中华人民共和国继承法》第十四条规定:对继承人以外的依靠被继承人扶养的缺乏劳动能力又没有生活来源的人,或者继承人以外的对被继承人扶养较多的人,可以分配给他们适当的遗产。最高人民法院《关于贯彻执行〈中华人民共和国继承法〉若干问题的意见》第二十八条规定:继承人丧失继承权的,其晚辈直系血亲不得代位继承。如该代位继承人缺乏劳动能力又没有生活来源,或对被继承人尽赡养义务较多的,可适当分给遗产。从上面两条规定我们可以看出,最高人民法院的司法解释实际上是对《继承法》第十四条的补充规定,分得遗产的人取得遗产不是基于继承权,而是基于法律规定的可取得遗产的特别条件,而法律赋予这些人取得遗产的权利,最主要的因素是因为他们和被继承人之间的扶养关系或者自身所处的生活环境关系而决定的。并且可分得遗产的人可能和被继承人有亲属关系,法律也赋予他们分得遗产的根据是在于他们和被继承人之间存在的扶养、赡养关系或者所处的生活环境关系,至于有无亲属关系对于可分得遗产并没有影响。

本案中,吴乙作为刘某的女儿毫无疑问属于第一顺序继承人,应当继承刘某的遗产。然而吴丙属于未成年人,母亲又改嫁远方,属于缺乏劳动能力又没有生活来源的人,同时吴丙从小和祖母刘某一起生活,在父亲入狱、母亲改嫁后仍然和祖母相依为命,对祖母在劳务上有较多的扶助,在精神上也有较多的慰藉,属于对被继承人尽赡养义务较多的代位继承人。吴丙虽然没有代位继承权,却并不丧失其作为第二顺序继承人的法律资格,也就是说,吴丙仍然属于法定继承人的范畴。同时《中华人民共和国继承法》第十三条明确规定:对生活有特殊困难的缺乏劳动能力的继承人,分配遗产时,应当予以照顾;对被继承人尽了主要扶养义务或者与被继承人共同生活的继承人,分配遗产时,可以多分。"因此法院在考虑到这些因素后,对没有资格代位继承的吴丙分给了一间房屋和现金10万,其基本的生活条件得以保障,法院的判决是正确的。

30.继承房屋需要交纳税费吗?

房地产继承过户所需的费用《中华人民共和国继承法》中所列遗产的范围中有房屋。所谓房屋的继承是指被继承人死亡后,其房产归其遗嘱继承人或法定继承人所有。因此,只有被继承人的房屋具有合法产权才能被继承。

一般在继承房产时需要以下几个步骤:

(一)房产评估首先必须通过评估公司对房屋进行市值评估。评估公司会根据房屋所处的路段、坐向、楼层、楼龄等重要因素,作出专业的价格分析和楼价评估,定出准确的物业市值价格。

(二)继承公证申请人应当到房屋所在地的公证处办理继承公证,领取继承公证书。在办理公证时,必须提供以下资料,若部分合法继承人自愿放弃继承权,必须出具放弃财产承诺证明。1.被继承人户籍所在地的派出所注销户籍,办理死亡证明。2.该套房屋的产权证明或其他凭证。3.户口簿或其他可以证明被继承人与法定继承人的亲属关系的证明文件。4.继承人的身份证件;有遗嘱的继承权公证另需提交的资料:被继承人所立遗嘱(该遗嘱必须是已公证过的遗嘱,其他形式的遗嘱由于无法认定其真实性,因此暂不予采纳)。5.如果有放弃继承权的继承人,需要提交放弃继承的承诺书。

(三)房屋测绘申请人须到房地产测绘部门申请办理房屋面积测绘或转绘手续,领取测绘成果或者附图,以便办理产权登记手续。

(四)继承登记申请人是继承人或者是受遗赠人,提交的材料如下:1.《房地产登记申请书》(原件);2.继承人或受遗赠人身份证(复印件);3.《房屋产权证》(原件);4.继承权公证文书或者遗嘱公证书和接受遗赠公证书(原件)契税完税凭证(原件);5.如涉及该房屋权属等事项是法院判决、裁定或调解的,必须缴交法院判决书、裁定书或调解书等。如该房屋经实地测绘,发现已经改建或存在违法建设的,必须提交规划部门的报建审核书或处理决定书。最后持房地产权证、继承公证书、房屋测绘等证明到房地产交易中心申请继承登记手续。填写《房地产产权登记申请书》,并递交上述资料后,办案人员将收件立案受理,并核发回执。

待一切资料审核后，即发放已更改权属人的房产证明继承房屋不必然产生税费，只有继承人要将《房屋产权证》上被继承人的名字更改为继承人的名字时才会产生相应的费用。办理房地产继承过户主要是房地产继承权公证费用、房屋估价费及房地产过户的税费:1.继承权公证费用，继承权公证费按照继承人所继承的房地产的评估价的2%来收取，最低不低于200元。2.房地产价值评估费用，不同的省份对此项收费的标准也不近相同。参照各省物价局颁布的收费标准。3.房地产继承过户税费，由房屋评估价0.05%的合同印花税、100元的登记费、5元的权证印花税组成。4.契税，法定继承人继承房地产,免契税。对非法定继承人根据遗嘱承受土地、房屋权属的,需要缴纳契税1.5%。有的人在购买房地产的时候直接将房屋登记在子女名下。但如果双方申报的房屋价值符合市场价的,一般可以免掉评估费用、而且公证费用如果只公证签名的,仅需要数百元,这样费用就大大节省了。

案例:

刘一,于2003年去世,留下一房屋,他的妻子王某和女儿刘小一相依为命。刘一的父亲1985年已经去世,刘一的母亲在乡下与刘一的弟弟刘二一起生活,于2012年去世。王某还有两个妹妹刘三、刘四。在2003年至2012年间,王某作为儿媳,逢年过节都会寄钱给婆婆,尽到了赡养义务。

现王某、刘小一二人想改善生活,卖掉刘一留下的那处房产。需要做什么? 刘二、刘三、刘四是否有权分割遗产,每个人能得到百分之多少?

专家解析：

首先刘二、刘三、刘四是有权分割遗产的。

1.刘一遗留下的房产是夫妻共同财产，所以能作为遗产继承的仅仅是房屋总价值的二分之一。

2.刘一去世后，没有遗嘱，其遗产按照法定继承进行。由其作为第一顺序的父母、配偶、子女继承，就是其母亲、妻子、女儿有继承权。一般均等分配，就是各得遗产的三分之一，即房屋总价值的六分之一。

3.刘某母亲去世后，由于刘一的遗产尚未分割，发生转继承，就是刘某母亲的那 1/6 由其子女继承，就是刘一、刘二、刘三、刘四继承，由于刘一先于其母亲去世，此时发生代位继承，由刘小一继承。再因王某作为丧偶儿媳也尽到了赡养的义务因此也可分的部分遗产。因此各方能得到得 1/6 的 1/5，即 1/30。最终就是妻子王某能够得到房子总价的21/30，刘小一能够得到房子总价的 1/5，刘二、刘三、刘四各能够得到房子总价的 1/30。

如果王某和刘小一要处分房产，要经过以下几步。首先，要经过刘二、刘三、刘四的同意，最好能够达成最终的继承协议。第二，到房产评估机构进行房产评估(非必经程序，如果各方对房屋价格能够达成统一意见，就可以不必做房产评估。)第三，到公证处去做继承公证(必经程序)。第四，到房屋登记机构去做房屋继承登记，变更房屋产权人。第五，房屋成功找到买家，签署合同进行交易。第六，到房屋产权登记机构再次变更房屋产权人。最后，按照比例对房屋所得价款，依照法律的规定，按比例对房屋所得价款进行分配。

31.精神病人自书遗嘱能否有效？

遗嘱、继承、遗赠、赠与已成为人们生活中的组成部分。遗嘱应如何订立、变更、撤销，继承、遗赠、赠与应如何发生，何种情形为有效或无效，大多数人存在想当然或对法律的误读。现我国患有精神疾患的人数客观存在，他们及其亲属同样存在订立遗嘱或继承的问题，大部分的人们认为精神病患者不具有行为能力，其行为不具有法律效力的看法同样是对法律的误读，精神病人所立遗嘱应属无效。

在下面的某某省某某市两审法院对此作出了截然相反的判决的案例中，法院对于此问题作出了明确的解析。

案例：

现年55岁的吴某乙是上海国棉某厂的退休女工。吴某乙唯一的哥哥吴某甲家住某某省某某市区，吴某甲与妻子周某某没有子女。周某某的弟弟周某居住无锡市，两家关系亲密。

1999年7月9日，吴某甲患精神病，经诊断为偏执型精神分裂症，入院治疗一个多月。吴某甲出院后妻子周某某病倒，经医生诊断，来日不多。吴某甲夫妻商议后，决定对一直照顾他们的吴某乙和周某作出财产交代。于2001年7月26日共同立下遗嘱一份，明确他们某某市房产归周某，吴某甲上海房子的拆迁款归吴某乙所有。立下遗嘱后，夫妻俩请当地居委会盖章和两名见证人签字。

2002 年 3 月，周某某去世。之后，吴某甲病情复发，经诊断为精神分裂症（未定型）于 2002 年 7 月 31 日再次入院治疗一个多月。

2002 年 12 月 17 日，吴某甲给妹妹吴某乙的信中再次订立遗嘱：2001 年 7 月 26 日，其与病故妻子生前所订的遗嘱由于没有公证机关公证，不具有法律效力；吴某甲故去后，其在某某市的房产改由吴某乙继承。吴某甲本人在遗嘱上签名、捺手印并注明具体日期。

此后，吴某甲因病多次住院治疗。2003 年 9 月至 2004 年 4 月，吴某甲住院期间，其所在居委会于 2003 年 10 月 29 日出具证明，同意由其妻弟周某承担对吴某甲的监护责任，该证明得到当地公安派出所、吴某甲单位同意。2004 年 1 月 10 日，吴某甲住院期间，吴某乙将其带至上海照顾，定期回某某市治疗。2004 年 4 月 23 日，吴某甲出院，吴某乙一直在吴某甲身边照顾。2007 年 11 月 28 日，吴某甲病故。

吴某甲在上海生活期间，其工资卡一直由周某保管，工资共计 5 万余元。

2007 年 12 月，吴某乙拿着哥哥的第二份遗嘱找到周某，要求按遗嘱继承某某市的房产。周某认为，姐夫吴某甲与姐姐周某某生前已留有遗嘱，确定将某某市的房产归其所有，吴某甲不可能再私下改变遗嘱内容，后一份遗嘱系伪造；姐夫吴某甲患有精神病，按照法律规定出具的遗嘱没有法律效力。

2008 年，吴某乙将周某诉至某某市南长区法院，要求依法继承吴某甲名下的房屋；要求周某返还吴某甲退休工资 5 万余元。之后，吴某乙又变更诉讼请求，只要求继承房产。吴某乙诉称，被继承人吴某甲与周某某婚后无子女，周某某先于吴某甲死亡，吴某甲于 2007 年 11 月 28 日死亡。吴某甲与周某某生前留有遗产房屋一处，原告作为吴某甲的唯一合法继承人,要求对遗产依法继承。周某辩称,自己是吴某甲的法定监护人及第一份遗嘱中确定的房屋所有人,遗产与吴某乙无关。

案件审理过程中吴某乙提出申请,要求对房屋的价格及吴某甲在书写上述两份遗嘱时的行为能力进行司法鉴定。周某认为:吴某甲在妻子死后患有严重精神分裂症,医院及派出所都认为吴某甲无民事行为能力,不需要进行司法鉴定。

审理中,法院向第一份遗嘱见证人进行调查。一见证人称,遗嘱由何人书写不清楚,由周某某拿给见证人签字;另一见证人表示,吴某甲当面称遗嘱是其本人所写,当时吴晓军神智清楚。

一审:第二份遗嘱无效。

一审法院审理后认为:2001年7月26日,吴某甲与周某某书写的遗嘱无论从形式要件还是内容上,均能反映吴某甲与周某某的真实意思表示。

吴某甲在立遗嘱时虽然患有精神分裂症,但吴某甲居住地的居民证实吴某甲当时神志清醒,故吴某甲与周某某所立遗嘱应认定有效。

2002年12月17日,吴某甲书写的第二份遗嘱,因吴某甲的病情在周某某去世后失去控制,吴某乙未举证证明吴某甲立该遗嘱时具有民事行为能力,故本院对该遗嘱的法律效力不予认定。

一审法院作出判决:房屋归周某所有。

一审判决后,吴某乙不服,向某某市中院提起上诉。

终审:第二份遗嘱有效。

二审中,双方围绕吴某甲于2002年12月17日所写书信是否可认定为遗嘱?如该遗嘱成立,是否系其在具备行为能力下的真实意思表示?该遗嘱是否需要经过周某的见证才能认定为有效等焦点展开法庭调查。

吴某乙提出：吴某甲虽有精神病史，但根据医院的病历，吴某甲的病情时好时坏，故其行为能力是否受到限制应通过司法鉴定予以确定。

吴某甲的信件和其在上海就医时医疗机构出具的出院小结，均能证明吴某甲当时神智清楚，具有行为能力；被继承人2002年12月17日所立遗嘱是其真实意思表示，具有法律效力，同时也是对2001年7月26日遗嘱的撤销。即便吴某甲无行为能力，则两份遗嘱应均属无效，按法定继承的法律规定，周某无权继承遗产。

周某认为：吴某甲患有精神分裂症，属于重症病人，无民事行为能力。周某是有关部门指定的吴某甲的监护人，如果其处分财产，须在监护人监护下才能确定该行为的效力；吴某甲处分财产未得到监护人确认，则须得到法定机关的公证确认，否则属于无效。

吴某乙提供的书信遗嘱，真实性不能得到证明，内容、形式不符合法律规定，不具有法律效力。

某某市中院经审理后认为：2002年12月17日，吴某甲写给吴某乙的书信中明确了其死后房子改由吴某乙所有，其本人在该书信上签名、捺手印并注明具体日期。

周某认为该书信系吴某乙为争夺遗产伪造，但其不愿通过司法鉴定辨析真伪，故在没有其他反证的情形下，该书信符合遗嘱的各项法律特征，故应按自书遗嘱对待。

医疗机构诊断及双方当事人陈述，吴某甲在与周某某共立遗嘱之前即患有精神疾病，且在周某某死后疾病加重，但均未有利害关系人通过法定途径对吴某甲的行为能力作出认定。

原审中，吴某乙提出司法鉴定，在鉴定机构表示可就吴某甲前后两次出具遗嘱的精神状态及行为能力进行鉴定后，负有配合义务的周某未按要求予以配合，应承担对其不利的后果。

2001年7月26日、2002年12月17日，吴某甲两次所立遗嘱，本院均推定为其是在具有行为能力的情况下作出，具有法律效力。吴某甲于2002年12月17日所立遗嘱系对前遗赠行为的撤销。

为保障被继承人合法处分自己财产的权利，法律规定继承人、受遗赠人以及与继承人、受遗赠人有利害关系的人不能作为遗嘱见证人。

周某作为吴某甲的监护人，虽负有对吴某甲所作行为履行监护的职责，但本案中，其又系纠纷所涉遗产的受遗赠人，属法律禁止的遗嘱见证人，故吴某甲立遗嘱的行为是否有效以及当时的精神状态、对遗嘱后果认知的行为能力判断，不需经过周某的见证。

虽然吴某甲是精神病患者，但其所作民事行为并不当然因此无效。周某虽被指定为其监护人，但作为接受遗赠的利害关系人，其无权作为吴某甲立遗嘱的见证人；吴某乙虽在吴某甲生前有过放弃继承房产的意思表示，但在吴某甲去世继承开始后，积极主张接受继承，应视为未放弃继承权。此外，鉴于遗产所涉房屋的实际情况，本案不作分割。吴某乙的部分上诉理由应予以采纳。

日前，某某市中院作出终审判决，撤销一审法院的判决，改变某某市吴某甲的房产由吴某乙、周某继承，吴某甲夫妻遗产按份共有，各占一半。

专家解析：

精神病人自书遗嘱能否有效的关键问题，应该确认精神病人在进行民事活动时，是否具有民事行为能力，而确认是否具有民事行为能力必须通过法定程序，而不能进行推定。

根据我国《民法通则》第十九条规定：精神病人的利害关系人，可以向人民法院申请宣告精神病人为无民事行为能力人或者限制民事行为能力人。被人民法院宣告为无民事行为能力人或者限制民事行为能力人的，根据他健康恢复的状况，经本人或者利害关系人申请，人民法院可以宣告他为限制民事行为能力人或者完全民事行为能力人。

最高人民法院《关于贯彻执行〈中华人民共和国民法通则〉若干问题的意见》第七条规定：当事人是否患有精神病，人民法院应当根据司法精神病学鉴定或者参照医院的诊断、鉴定确认。在不具备诊断、鉴定条件的情况下，也可以参照群众公认的当事人的精神状态认定，但应以利害关系人没有异议为限。从上述规定不难看出，自然人是否具有民事行为能力应当通过法定途径确定，即便是有长期精神病史的患者，未经法定程序宣告，也不能因此当然否定其行为能力。反之，被宣告为精神病人，精神病痊愈后也要通过法定程序宣告为正常的自然人，否则其行为能力也得不到法律认可。在未经法定程序否定自然人行为能力前，精神病人所作民事行为的效力应等同于正常的自然人予以认可。

如果病人能够部分辨认自己的行为，属限制行为能力人，可以进行与他精神健康状况相适应的民事活动，其他的民事活动必须由法定代理人代理，否则归于无效。如果病人完全不能辨认自己的行为，属无行为能力人，所有与其相关的民事活动须由其法定代理人代理，否则没有法律效力。因此，自然人是不是精神病人，以及精神健康状态如何，直接关系到其民事活动的法律效力。精神病人病情有轻重之分，长期和间隙之分，痊愈的和未痊愈之分。病人精神健康状态的判定，还会因判断人的认知能力、医疗水平不同而出现不同的判定结果，这就直接导致病人民事活动能力处于不确定的状态，从而使病人民事活动的法律效力处于不确定的状态。因此，我国的民法规定了民事行为能力的宣告制度，规定自然人是否为精神病人以及他的意思能力到底如何，必须由法院依据法定程序认定。

本案中，一审法院仅凭证人证言，及医疗机构的诊断结果，推定吴某甲无行为能力，从而判定遗嘱无效，实属不当。本案的发生也是在警示人们，主观认为精神病人的各项行为均属无效是对法律的误读，确认无效必须通过法定程序对精神病人的行为能力进行宣告。

32.没有办理收养手续的养子女是否享有继承权?

没有办理收养手续的养子女是否享有继承权，要具体的看收养的时间点是在《中华人民共和国收养法》颁布之前还是之后。再来评论未办理收养手续的养子女是不是享有继承权。

在 1992 年 4 月 1 日《中华人民共和国收养法》施行以前，根据最高人民法院《关于贯彻执行民事政策法律若干问题的意见》(1984 年 8 月 30 日)第二十八条规定:亲友、群众公认，或者有关组织证明确以养父母与养子女关系长期共同生活的，虽未办理合法收养手续，也应按收养关系对待。然而在《中华人民共和国收养法》1992 年 4 月 1 日施行以后未按照《收养法》第十五条第一款规定向县级以上人民政府民政部门登记的，收养关系不成立。1992 年 4 月 1 日这个时间点决定了未登记的收养关系是否成立的黄金分割点。收养关系成立可以以子女的身份参加继承，如果收养关系不成立就不能以子女的身份参加继承。

案例：

1986 年 6 月 6 日，原告冯小某出生后就被冯某某抱养，未办理收养登记手续，但在冯某某家的户口簿登记冯小某系冯某某的长女。1998 年土地承包时，冯某某作为承包户承包了本案争议土地。2012 年 3 月 1 日，冯某某因交通事故死亡。冯某某死亡后冯小某因承包地和征地补偿款等事项与冯某某的两个儿子冯甲、冯乙产生纠纷。被告冯甲、冯乙以冯某某在收养冯小某时没有办理收养登记手续，被收养人冯小某不享有财产继承权和土地承包经营权为由拒绝返还占用冯小某的承包地、征地补偿款及地上附着物补偿款。冯小某遂向法院提起诉讼。

专家解析：

本案原告冯小某虽然在冯某某收养时没有办理收养登记手续，但冯小某仍然享有继承权，理由如下：（一）最高人民法院《关于贯彻执行民事政策法律若干问题的意见》（1984 年 8 月 30 日）第二十八条规定：亲友、群众公认，或者有关组织证明确以养父母与养子女关系长期共同生活的，虽未办理合法收养手续，也应按收养关系对待。虽然 1992 年 4 月 1 日起施行的《中华人民共和国收养法》中规定，收养应当向县级以上人民政府民政部门登记，收养关系自登记之日起成立，但在该法的第三十四条规定：本法自 1992 年 4 月 1 日施行。冯某某收养冯小某是在 1986 年 6 月 6 日，根据上述法律和司法解释的规定，也就是说，当时《中华人民共和国收养法》尚未颁布，该法并不具有溯及力，因此，冯小某和冯某某的收养关系应当适用最高人民法院《关于贯彻执行民事政策法律若干问题的意见》（1984 年 8 月 30 日）的规定而不应适用《中华人民共和国收养法》的规定。并且冯小某在冯某某家的户口簿中已显示系冯某某的长女，其父女关系已经公安机关在户口登记时予以确认。

（二）《中华人民共和国继承法》第十条规定：遗产按照下列顺序继

承:第一顺序:配偶、子女、父母。第二顺序:兄弟姐妹、祖父母、外祖父母。继承开始后,由第一顺序继承人继承,第二顺序继承人不继承。没有第一顺序继承人继承的,由第二顺序继承人继承。本法所说的子女,包括婚生子女、非婚生子女、养子女和有扶养关系的继子女。本法所说的父母,包括生父母、养父母和有扶养关系的继父母。本法所说的兄弟姐妹,包括同父母的兄弟姐妹、同父异母或者同母异父的兄弟姐妹、养兄弟姐妹、有扶养关系的继兄弟姐妹。本案中,冯小某虽然是养女,但是按照上述规定,养女也是第一顺序的法定继承人,养父死亡,养女仍有土地承包经营权和财产继承权。

(三)《中华人民共和国农村土地承包法》第十六条规定:承包方享有下列权利:(一)依法享有承包地使用、收益和土地承包经营权流转的权利,有权自主组织生产经营和处置产品;(二)承包地被依法征用、占用的,有权依法获得相应的补偿;(三)法律、行政法规规定的其他权利。《中华人民共和国物权法》第一百二十七条规定:土地承包经营权自土地承包经营权合同生效时设立。结合本案,冯小某和冯某某系以一个农户作为承包方承包可耕地的,在承包期未结束之前,即使冯某某死亡,发包方也不能抽回冯小某的承包地,其他人更无权耕种、占用冯小某的承包地。在冯小某的承包地被征收以后,冯小某有权获得征地补偿款、地上附着物补偿款。而本案被告被告冯甲、冯乙将冯小某的征地补偿款和地上附着物补偿款领走拒不返还给原告,同样违反了上述法律规定,应立即返还给原告冯可欣。

案例2:

周某夫妇 1999 年结婚,但只生育两女,没有男孩,为了续香火于 2003 年收养一子取名周小某(1 岁),但未办理收养登记。2011 年周某夫妇外出旅游时不幸因车祸去世。在分割遗产时引发纠纷,周某的父母提出"养子"周小某(9 岁)未办理收养登记,不应属于法定继承人,因此,不能分割遗产。问未经登记的被收养人能否继承遗产呢?

专家解析:

1992 年 4 月 1 日起施行的《中华人民共和国收养法》第十五条第一款规定:收养应当向县级以上人民政府民政部门登记。收养关系自登记之日起成立。该法第二十三条第一款规定:自收养关系成立之日起,养父母与养子女间的权利义务关系,适用法律关于父母子女关系的规定;养子女与养父母的近亲属间的权利义务关系,适用法律关于子女与父母的近亲属关系的规定。可见收养关系自登记之日起成立,登记是收养关系的生效要件。

本案中周某夫妇生前虽然收养了周小某,但未就收养一事到民政部门进行收养登记,故该收养行为不具备收养关系的生效要件,不成立收养关系,周小某只能是周某夫妇的"养子",不能以法定继承人的身份参加继承。

根据《继承法》第十四条规定:对继承人以外的依靠被继承人扶养的缺乏劳动能力又没有生活来源的人,可以分给他们适当的遗产。及最高人民法院《关于贯彻执行〈中华人民共和国继承法〉若干问题的意见》第三十一条之规定:依继承法第十四条规定可以分给适当遗产的人,分给他们遗产时,按具体情况可以多于或少于继承人。周某夫妇与周小某之间已构成事实上的扶养关系,故周小某属于继承人以外的依靠被继承人扶养的缺乏劳动能力又没有生活来源的人,因此,本案中可以分给周小某适当的遗产。

33.遗腹子继承有哪些需要了解的问题?

所谓遗腹子是指怀孕的妇女在丈夫死后所生的孩子。依据《中华人民共和国继承法》第二十八条的规定:遗产分割时,应当保留胎儿的继承份额。胎儿出生时是死体的,保留的份额按照法定继承办理。这表明我国对未成年人保护已经延伸到了未出生的胎儿,同时也体现了《继承法》养老育幼、照顾无劳动能力又无生活来源者的原则。

案例:

程某是个体商户,生育有三个儿子,其妻早年去世。2005 年 5 月,程元的第三个儿子程三因车祸去世,此时,程三的妻子包某某已怀孕 6 个月。同年 10 月,程某突发心脏病死亡,安葬完毕之后,其长子程一与次子程二将遗留的 55 万元的现金和一栋价值 116 万元的楼房进行了分割。包某得知后,遂向两位大伯哥提出异议,认为其腹中的胎儿应分得一份遗产。但两位大哥都表示反对,认为弟弟已经去世,包某腹中胎儿不具有继承权。故包某诉至法院,要求保护腹中胎儿的合法权益。

专家解析:

本案的争议焦点是遗腹子是否有权继承祖父所留有的遗产。程某的小儿子程三虽然已经去世, 但仍应由程三妻子腹中的胎儿代为继承本应由程三继承的遗产份额。理由如下：我国《继承法》第二十八条规定：遗产分割时，应当保留胎儿的继承份额。胎儿出生时是死体的，保留的份额按法定继承办理。为了妥善处理继承中有关胎儿的问题，最高人民法院《关于贯彻执行〈中华人民共和国继承法〉若干问题的意见》第四十五条规定：应当为胎儿保留的遗产份额没有保留的，应从继承人所继承的遗产中扣回。为胎儿保留的遗产份额，如胎儿出生后死亡的，由其继承人继承；如胎儿出生时就是死体的，由被继承人的继承人继承。

本案中还涉及到关于代位继承的法律问题。对于代位继承，我国《继承法》第十一条规定："被继承人的子女先于被继承人死亡的，由被继承人的子女的晚辈直系血亲代位继承。代位继承人一般只能继承他的父亲或者母亲有权继承的遗产份额。"由此可见，代位继承有以下几个条件。首先，代位继承发生的原因是被继承人的子女先于被继承人死亡；其次，被代位继承人仅限于被继承人的子女及其晚辈直系血亲，被继承人的其他法定继承人不能成为被代位继承人；第三，代位继承人仅限于被代位继承人的子女及其晚辈直系血亲；最后，代位继承只适用于法定继承，在遗嘱和遗赠继承中均不能适用代位继承。根据上述规定，包某腹中的胎儿可代位继承其父亲程三应继承的遗产份额。

综上所述，包某腹中的胎儿是具有继承权的，胎儿虽未出生，但其继承权应予保护。因此，程某的长子与次子两人分割遗产是没有法律根据的，应为胎儿保留三分之一的遗产份额。由于其二人已经对遗产进行了分割，所以其二人应依照《继承法意见》第四十五条规定，应该为胎儿保留的遗产份额返还给包某保管。

34.被继承人的股东权能否被继承?

最高人民法院《关于贯彻执行〈中华人民共和国继承法〉若干问题的意见》第三条:公民可继承的其他合法财产包括有价证券和履行标的为财产的债权等。其中的有价证券就包括股东权利。按照修订后的《公司法》第七十六条规定:自然人股东死亡后,其合法继承人可以继承股东资格;但是公司章程另有规定的除外。这就表明股东资格是可以作为遗产被继承的。

案例:

北京某某公司成立于 2003 年,曾某是该公司 7 名股东之一。2012 年 2 月 24 日曾某因病去世,其五名继承人达成一致意见,由曾某的儿子曾晓某继承曾某在北京某某公司的 43%股权。当时北京某某公司章程中并没有对股东权利继承问题作出规定。在曾晓某提出要继承父亲曾某的股权之后,北京某某公司召开股东大会,对于股东曾某的股权继承问题做出以下股东会决议:

(1)曾某在公司的股权,可以依法在其他股东之间转让,曾某的继承人曾晓某只得继承其股东的财产权利。

(2)不同意曾晓某继承曾某的股东身份资格,成为北京某某公司的股东。

本次股东会上还通过了公司章程修正决议案。该章程修正案规定:

股东死亡后,继承人可以依法获得其股份财产权益,但未经股东大会表决通过,不得当然获得股东身份权利。

针对某某公司的股东会决议案,曾晓某诉至人民法院,请求北京某某公司依照曾某全体继承人的协议内容,将曾某43%的股权变更为曾晓某所有,并将曾晓某记载于股东名册,并办理股东变更登记手续。

经人民法院审理认为:我国《公司法》设立的有限公司兼具有资合性与人合性的特性,股权也因此具有财产权利属性和人格权利属性。按照修订后的《公司法》第七十六条规定:自然人股东死亡后,其合法继承人可以继承股东资格;但是公司章程另有规定的除外。根据此规定,继承人可以继承股东资格,而该公司在股东资格继承纠纷发生后修改的公司章程,不属于"公司章程另有规定的除外"之情形。

根据《公司法》的规定,北京某某公司股东曾某死后,其所持有的股东权利作为遗产由被继承人继承,即曾晓某对股权的继承,应当是全面概括的继承,其通过继承所取得的股权,既应当包括股权中的财产性权利,也应当包括非财产性权利,即股东身份资格。据此,依照《公司法》第三十三条、第七十六条、《公司登记管理条例》第三十五条的规定,法院判决:一、北京某某公司应将股东名册上记载于曾某名下的43%股份变更记载于曾晓某名下;二、北京某某公司应向公司登记机关办理上述股东变更登记事项。

专家解析:

有限责任公司的股权继承问题,自2006年1月1日起新修订的《公司法》开始施行后,关于股权继承的法律适用得到了统一。公司法第七十六条规定的"自然人股东死亡后,其合法继承人可以继承股东资格;但是,公司章程另有规定的除外",该项法律条款的规定,是处理股权继承纠纷案件的法律依据。

首先,股权的继承应包括股东资格。《公司法》第七十六条规定继承人"可以继承股东资格",这就在立法上明确了股东资格的可继承性。继承法及有关司法解释已经明确,公民可以继承的合法财产包括"有价证券"。而《公司法》的规定有限责任公司的股权,也是"有价证券"的一种,它既包括财产价值,也包括股东人身资格。按照该条的规定两者都是可以继承的。在本案审理时,法官就坚持了股权可概括继承的观点,从而支持了曾晓光的诉讼请求。

其次,股权继承中股东资格的继承,也可以由公司章程特别约定。按照《公司法》第七十六条该条的规定,股东资格原则上可继承,但是通过公司章程也是可以排除股东资格继承的可能。有限公司的资合性和人合性特征在股权继承时表现的尤为突出。一方面,如果单纯强调资合性,任意股东的继承人都可以成为新股东,可能会使股东之间无法和平相处,影响公司经营的连续性和稳定性,同时还可能导致有限公司的股东人数超过法定限额。另一方面,如果因为公司的人合性而否定继承人成为新的股东,也可能对原股东不公平。有限公司的股权继承中,是偏重资合性,还是偏重人合性,涉及到立法选择的问题,《公司法》的规定表明,有限公司的资合性应优先得到考虑,但在股权继承的问题上,也给予股东一个灵活性选择,也就是可以通过公司章程进行特别约定。最后需要注意的是,公司若要通过章程排除《公司法》第七十六条规定的继承股东身份资格的规定,公司章程的订立或修改必须符合法定或约定的要求,按照一定的程序进行。

本案中,北京某某公司修改后的公司章程虽然载明继承人"不当然获得股东身份权"，但该章程的修改是不符合该公司原章程的规定,故其法律效力未被法院所认可。

35.服刑人员是否享有代位继承权?

《继承法》第七条的规定:继承人有下列行为之一的,丧失继承权:(一)故意杀害被继承人的;(二)为争夺遗产而杀害其他继承人的;(三)遗弃被继承的,或者虐待被继承人情节严重的;(四)伪造、篡改或者销毁遗嘱,情节严重的。根据规定不难看出,继承人有故意杀害被继承人、为争夺遗产而杀害其他继承人、遗弃而杀害其他继承人、遗弃被继承的或者虐待被继承人情节严重、伪造或者篡改、销毁遗嘱情节严重的行为之一的,丧失继承权。其他犯罪,如抢劫罪等,并不因此丧失继承权。

未被剥夺继承权的罪犯,由于服刑期间人身自由受到限制,不可能亲自行使继承权参加继承,其继承权一般由其近亲属代为行使并负责保管。如果其他继承人或遗产保管人侵犯其合法权益的,服刑犯人得知后,有权依照法律规定,向法院提起诉讼,维护自己的合法权益。

案例:

李某21岁和母亲与外祖父共同生活(父亲在李某3岁时去世)。他因与邻居发生争执用砖头将邻居打伤被判入狱。李某外祖父江某有两女,长女即李某的母亲,次女江某某。李某的母亲和外祖父相依为命,

2001年李某的母亲去世后,江某某经常来照看生父江某,直至江某去世。江某去世后,留有座落在永红村三间砖墙瓦房。江某某在办理完江某葬礼后,未经李某同意擅自将房屋出卖给同村村民刘某。李某在得知这一情况后,委托堂弟向人民法院起诉,要求确认对外祖父遗留的房产享有代位继承权,请求判决江某某和刘某的房屋买卖行为无效。

专家解析:

我国《继承法》第十一条明确规定:被继承人的子女先于被继承人死亡的,由被继承人的子女的晚辈直系血亲代位继承。代位继承权具有如下法律特征:第一,该权利仅限于法定继承人先于被继承人死亡时产生;第二,继承份额仅以被代位人所应继承的遗产份额为限;第三,代位继承人仅限于被继承人的晚辈直系血亲或拟制血亲,即被继承人的孙子女、外孙子女、曾孙子女、外曾孙子女等;第四,该继承权仅适用于法定继承,不适用于遗嘱继承。根据有关法律规定,被继承人的子女、孙子女、外孙子女、曾孙子女、曾外孙子女都可以代位继承,代位继承人不受辈数限制;被继承人的养子女、已形成抚养关系的继子女的生子女可代位继承;被继承人亲生子女的养子女可代位继承;被继承人养子女的养子女可代位继承;与被继承已形成抚养关系的继子女的养子女也可以代位继承。代位继承人一般只能继承他的父亲或者母亲有权继承的遗产份额。如果代位继承人缺乏劳动能力又没有生活来源,或者对被继承人尽过主要赡养义务的,分配遗产时,可以多分。但继承人已丧失继承权的,其晚辈直系血亲不得代位继承。如该代位继承人缺乏劳动又没有生活来源,或对被继承人尽赡养义务较多的,可适当分给遗产。

本案中,李某虽然犯了罪,被判处了徒刑,甚至被剥夺政治权利,仍然享有继承权,其他人不得侵犯他的权利。如果是李某犯有《继承法》第七条规定的犯罪行为被判处刑罚时,则没有继承权,否则,继承人因犯有其他罪行而被判处有期徒刑、无期徒刑以至死刑并附加剥夺政治权利和被单处剥夺政治权利时,都不丧失继承权。未剥夺继承权的犯罪人员,由于服刑期间人身自由受限制,其继承的财产一般由其他近亲属负责保管。如果其他继承保管人侵犯了他的合法权益,服刑人有权依照法律规定,向人民法院提起诉讼,维护自己的合法权益。

李某系死者江某外孙,其母先于外祖父死亡,且其母没有杀害、遗弃、虐待被继承人和为争遗产杀害其他继承人等丧失继承权的情形。并且李某是因为打伤他人入狱,没对外祖父及其母亲构成伤害等丧失继承的犯罪行为,法律规定服刑犯人仍然享有民事权利。因此,江某某在共同共有关系存续期间未征得李某同意擅自处分共有财产,将三间房屋出售给刘某,其民事行为依法应认定为无效。

36.住房公积金可以作为遗产继承吗?

根据国务院《住房公积金管理条例》规定,住房公积金是指国家机关、国有企业、城镇集体企业、外商投资企业、城镇私营企业及其他城镇企业、事业单位及其在职职工缴存的长期储金。职工住房公积金包括职工个人缴存和职工所在单位为职工缴存两部分,全部属职工个人所有,两部分缴存比例现均为职工个人工资的8%。住房公积金制度实际上是一种住房保障制度,是住房分配货币化的一种形式。单位为职工缴存的住房公积金是职工工资的组成部分,单位为职工缴存住房公积金是单位的义务。从中我们可以得知住房公积金是职工工资的组成部分,当然可以作为被继承人的遗产来继承。但是值得注意的是,如果被继承人已经结婚自结婚之日起缴存的住房公积金应当属于夫妻共同财产,如果涉及到继承住房公积金时就应当先析产,之后才能进行继承。

案例:

孙某在一家外资企业做人力资源。其早年丧父,一直与母亲相依为命,后孙某与李某于 1998 年登记结婚,婚后无子。单位从 2001 年开始为孙某缴存五险一金。孙某在 2012 年 6 月因病去世,死后留有一套价值 100 万的房产(婚前购买)、一部价值 10 万元汽车(婚后购买)、60 万元的存款(婚姻存续期间积攒下的)和住房公积金以及养老金共计 20 万元。孙某死前并没有留下遗嘱,孙某的母亲刘某和孙某的妻子李某因为遗产继承问题产生分歧,孙某的母亲刘某遂起诉到法院,希望平分儿子的所有遗产。

专家解析:

遇到复杂的继承案件时,最先要做的就是析产,也就是确定哪部分可以作为遗产来继承的。首先,孙某的房子是婚前购买的所以可以作为遗产。其次,10 万元的汽车由于是婚后购买,所以其中有一半是孙某的妻子李某的财产。第三,60 万元的存款时婚后积攒的所以也是夫妻共同财产,其中有二分之一是李某的。第四,关于住房公积金和养老保险,都是在婚姻存续期间产生的,所以应当是夫妻共同财产。其中也是有李某一半。这样看来能作为遗产的主要有,100 万的房屋,30 万元的存款,汽车的一半5万元以及养老保险和住房公积金的一半10万元。根据《继承法》第十三条第一款同一顺序继承人继承遗产的份额,一般应当均等。因此李某和刘某可以各自获得遗产的二分之一。

此案经调解双方达成如下协议:住房归刘某所有,存款汽车和住房公积金以及养老保险金归李某所有,此外刘某给付李某27.5万元作为补偿。

37.非农户口的继承人是否能继承父母在农村的房子及田地?

根据国务院《关于加强土地转让管理严禁炒卖土地的通知》的规定,宅基地是农民基于集体经济组织成员身份而享有的用于修建住宅的集体建设用地,农民无须交纳任何土地费用即可取得,是一种福利性质的, 一般来讲不能继承。但宅基地上建成的房屋则属于公民个人财产,可以继承。

对于所继承的房屋及宅基地使用权的继承问题, 我国的司法实践中通常分情况处理:如果继承人是本集体经济组织成员,符合宅基地申请条件的,可以经批准后取得被继承房屋及其宅基地;如果不符合申请条件,则可以将房屋卖给本村其他符合申请条件的,如果不愿出卖,则该房屋不得翻建、改建、扩建,待处于不可居住状态时,宅基地由集体经济组织收回。继承人如果是城市居民,比照上述不符合宅基地申请条件的情形处理。也就是说,按照法律规定的"地随房走"的原则,城市居民可以基于房屋所有权而继续使用宅基地,但是不得进行翻建、改建、扩建等。

案例:

莫某镇朝阳村村民老候共有二个子女,全都考上了大学,毕业后留在城市工作,并转为城镇户口。候老汉与老伴一直在农村生活,2011年先后去世,留下三间砖瓦房和财产若干。老候子女在继承遗产时,村长告知,按照法律规定,农村房屋和宅基地只能由本村村民拥有和使用,而他们的户口已经从村里迁出。问老候的子女是否能够继承父亲留下的房屋?

专家解析:

城镇户口的公民可以继承农村房屋,因为公民的房屋属于个人的合法财产,按照我国《继承法》的规定是可以继承的。不论是农村村民,还是城市户口的公民,都可以按照《继承法》的规定享受继承权,并且有权按照个人的意愿处置个人所有的房产。但是城镇户口的公民在继承农村房屋时,需要受到《土地法》的限制。城市公民只能继承农村宅基地上的房屋,而对此房屋的宅基地是不可以作为遗产继承的。

本案中,村民老候及老伴去世后,发生的遗产继承,虽然他的二个子女均已转为城镇户口,但是他们是老候与老伴的合法继承人,而且该套房屋也是二老生前享有的个人合法财产。因此,老候的二个子女可以按照《继承法》的规定,继承父亲留下的房屋及其他财产。但要注意的是,他们只能取得该套房屋的所有权,并不享有该宅基地的使用权,只是可以基于房屋而继续使用,但不得随意处分。对于这种情况,最好的办法是尽早将房屋转让给同村的村民。

38.再婚老人是否有权继承配偶遗产?

《中华人民共和国婚姻法》第二十四条明文规定:夫妻有相互继承遗产的权利。"老年人再婚夫妻在取得婚姻登记机关的结婚证明后,就是合法夫妻,婚姻法上所说的夫妻当然也包括老年人再婚的夫妻,老年人再婚夫妻双方当然也有相互继承遗产的权利。

根据我国《继承法》第十条规定:遗产按照下列顺序继承:第一顺序:配偶、子女、父母;第二顺序:兄弟姐妹、祖父母、外祖父母。老年人再婚后,是继承法中所指的第一顺序继承人,有和新的子女共同继承遗产的权利。

案例:

张某老人自年轻守寡,后经人介绍,与家境不错的明某老人结婚。婚后二人感情一直很好,张某对待明某及其的三个子女也是尽心尽力,明某为此也是很满意,但二人生活不到两年,明某老人突发心脏病,抢救无效死亡,留下60平方米的住房一套及现金54万元。办完丧事第二天,张丽尚沉浸在丧夫之痛中,明某的儿女就限令其三天内搬离。张某老人认为,作为再婚配偶,虽然共同生活不到两年,但也有权继承明某的遗产。无奈,张某将明某的三个子女诉至法院,要求继承明某老人留下的60平方米住房及现金54万元。

专家解析：

本案中，张某老人虽然与明某是再婚夫妻，且生活时间较短，但根据《婚姻法》第二十四条及《继承法》第十条规定，张某是明某的合法妻子，并且是《继承法》中所指的第一顺序继承人，有和其子女共同继承明某遗产的权利。

39.再婚后，继子女是否有权继承继父母的遗产？

再婚后的继子女是否有继承继父母遗产的权利，这一问题成为时下比较有争议的话题，那么下面某某省某某县人民法院的判决，让我们的问题能够迎刃而解。

案例：

个体老板王某于 2006 年 8 月 24 日突然因病死亡，留下大量财产和债务。因为财产争执，王某之母、王某之女将王某现在的妻子李某诉上法庭，请求继承王某的遗产。在诉讼过程中，王某的继女张某（系李某亲生女儿）以自己与王某一起共同生活 16 年之久，已经在继父母子女之间形成事实上的抚养关系为由，请求作为第一顺序继承人参加遗产继承。

法院审理后认为，我国《婚姻法》第二十四条对婚生父母子女间的权利义务关系作了明确的规定："父母和子女有相互继承遗产的权利。"

而在生父母一方死亡或离婚后，另一方带子女再婚形成的继父母子女关系是拟制血亲，与自然血亲不同，并非所有的继父母子女都产生父母子女间的权利义务。

《婚姻法》第二十七条第二款规定："继父或继母和受其抚养教育的继子女间的权利和义务，适用本法对父母子女关系的有关规定。"继父母子女之间只有形成了抚养关系，才产生父母子女间的权利义务。因此，继子女与继父母长期共同生活，继父或继母负担及子女生活费和教育费的一部或全部，或者对继子女予以生活上的照顾、教育和保护的。可以认定为形成抚养关系。

《继承法》第十条规定，有抚养关系的继父母子女间有继承权，且继子女有赡养继父母的义务。在本案中，张某作为死者王某的继子女，跟随王某生活了16年，已形成事实上的抚养关系，其要求作为第一顺序法定继承人参加诉讼来分割继父王某所遗留的遗产是完全符合法律规定的。

故此，法院作出上述判决。

专家解析：

继子女与继父母之间是否可以相互继承遗产，主要看继父母与继子女之间是否形成了抚养关系，形成抚养关系的可以继承继父母的遗产，未形成抚养关系的，则不能相互继承遗产。

所谓的抚养关系是指，继子女受到继父母的抚养教育，继父母受到继子女的赡养扶助。

1.继子女与继父或继母长期共同生活，实际上形成了抚养关系的，继子女可以继承继父母的财产。

2.其生父或生母再婚时,子女已经长大成人,分居另过,或其生父、生母再婚后,继子女未与继父或继母共同生活,而由祖父母或外祖父母抚养教育成人,继子女对继父或继母也未尽过赡养扶助义务的,则不能视为继子女与继父母之间形成了抚养关系,继子女也就不能继承继父母的遗产。

3.虽继子女与继父母共同生活,但继子女的生活费用由其生父或生母供给全部或部分,或者继父母对继子女尽了抚养、教育义务,而继子女对继父母未尽赡养义务的,也应视为抚养关系形成,继子女与继父母间互有继承权。

本案中,继女张某与继父王某长期共同生活达16年,已形成了抚养关系,因此,张某可以继承继父王某的财产。

40.继子女是否能同时继承继父母和生父母的遗产?

近年来,我国的离婚率直线上升,因离婚引起的诸多社会问题,也越来越引起人们的重视。离婚后再娶或再嫁也是必要的过程,但在这个过程中,随之也衍生了另外一个法律问题,那就是如再婚后,随父或母进入了各一个家庭的子女,这样的子女就有了继父母和生父母,那么,他们是否能同时继承继父母和生父母的遗产呢?

根据《中华人民共和国继承法》第十条规定:遗产按照下列顺序继承:第一顺序:配偶、子女、父母。第二顺序:兄弟姐妹、祖父母、外祖父母。继承开始后,由第一顺序继承人继承,第二顺序继承人不继承。没有第一顺序继承人继承的,由第二顺序继承人继承。

本法所说的子女,包括婚生子女、非婚生子女、养子女和有扶养关系的继子女。本法所说的父母,包括生父母、养父母和有扶养关系的继父母。本法所说的兄弟姐妹,包括同父母的兄弟姐妹、同父异母或者同母异父的兄弟姐妹、养兄弟姐妹、有扶养关系的继兄弟姐妹。

《中华人民共和国婚姻法》第二十七条第二款规定:继父或继母和受其抚养教育的继子女间的权利和义务,适用本法对父母子女关系的有关规定。

最高人民法院《关于贯彻执行〈中华人民共和国继承法〉若干问题的意见》第二十一条规定:继子女继承了继父母遗产的,不影响其继承生父母的遗产。继父母继承了继子女遗产的,不影响其继承生子女的遗产。

根据上述规定可以看出继子女继承了继父母的遗产的,不影响其继承生父母的遗产。

案例:

白某与妻子李某1997年结婚,婚后有个可爱的女儿。女儿五岁时,由于白某经常出差,妻子有了外遇。白某发现后无法接受这个事实,双方很快办理了离婚手续,女儿的抚养权归白某。不久在白某同事的介绍下认识了张某,并与其组建了新的家庭。

白某和张某生活不到一年,前妻李某就多次找到白某,想要白某原谅她,并要求回到白某的身边,原来她以前的情人只是欺骗她的感情,并没有想要和她结婚。对李某的要求,白某断然予以拒绝。没想到,李某将仇恨发泄在了白某的妻子张某身上,竟然开车将张某当场撞死,李某也因此被判处死刑,受到了法律的严惩。

事后,在处理李某和张某的遗产时,白某和她们双方的家人发生了争执。李某的家人认为李某已经和白某离婚,二人之间没有任何关系,女儿也由白某抚养,所以她没有权利继承其母亲的遗产。而张某的家人认为张某只是白某女儿的继母,和她没有血缘关系,因此,白某女儿也没有权利继承张某的遗产。

专家解析:

父母子女关系包括亲生父母子女关系,养父母与养子女关系,继父母和继子女关系,所谓继父母与继子女关系是指,因父母一方死亡,他方带子女再行结婚,或因父母离婚,抚养子女的一方再行结婚,在该子女与生父母的再婚配偶之间形成的法律拟制血亲关系,例如,白某的女儿和张某之间即属于继母与继子女关系。

那么继子女继承继父母遗产的条件关键就是他们之间是否形成了扶养关系,只有在继子女受到继父母的扶养或扶助,经法律确认其形成了扶养关系时,继子女才有继承权。根据有关法律规定,继子女与继父母间的继承关系确定的具体条件有以下几个:1. 继子女受继父母经济上的供养;2.继子女受继父母生活上的扶养、教育;3.继子女在经济上供养继父母;4.继子女在生活上扶助继父母。

本案中,白某离婚后带着女儿生活,并和张某再婚并共同生活了一年,在这一年中,张某对其女儿有实际的抚养教育,所以,白某的女儿依法可以继承张某的遗产。

那么白某的女儿是否有权继承其生母李某遗产。根据我国法律规定，继父母与继子女之间产生法律上的抚养关系后，形成拟制血亲关系，但继子女与生父母之间的权利义务关系并不因此而消除，这点在我国最高人民法院《关于贯彻执行〈中华人民共和国继承法〉若干问题的意见》第二十一条第一款已有规定，因此，白某的女儿也有权继承其生母李某的遗产，他人无权干涉。

综上所述，对于继子女而言，其继承继父母遗产的前提，是继父母对其已经形成了抚养教育关系，而且，继子女继承了继父母的遗产，并不影响他们继承亲生父母的遗产。因此，白某的女儿既有权继承继母张某的遗产，也有权继承生母李某的遗产，张某和李某家人的说法都是没有法律依据的。

41.什么样的遗嘱是无效遗嘱？

根据《中华人民共和国继承法》第十七条的规定，公证遗嘱由遗嘱人经公证机关办理。自书遗嘱由遗嘱人亲笔书写，签名，注明年、月、日。代书遗嘱应当有两个以上见证人在场见证，由其中一人代书，注明年、月、日，并由代书人、其他见证人和遗嘱人签名。以录音形式立的遗嘱，应当有两个以上见证人在场见证。遗嘱人在危急情况下，可以立口头遗嘱。口头遗嘱应当有两个以上见证人在场见证。危急情况解除后，遗嘱人能够用书面或者录音形式立遗嘱的，所立的口头遗嘱无效。

第十八条的规定，下列人员不能作为遗嘱见证人：（一）无行为能力人、限制行为能力人;(二)继承人、受遗赠人;(三)与继承人、受遗赠人有利害关系的人。

第二十二条的规定,无行为能力人或者限制行为能力人所立的遗嘱无效。遗嘱必须表示遗嘱人的真实意思,受胁迫、欺骗所立的遗嘱无效。伪造的遗嘱无效。遗嘱被篡改的,篡改的内容无效。

无效遗嘱具体分类如下:

1.无行为能力人或者限制行为能力人所立遗嘱无效。遗嘱作为一种单方民事法律行为,其实施时应要求行为人具有完全的民事行为能力,否则将导致该民事行为无效。即使无行为能力人或者限制行为能力人后来具备了完全行为能力,其先前所立遗嘱仍属无效遗嘱。但遗嘱人立遗嘱时有行为能力,后来丧失了行为能力,不影响遗嘱效力。公民是否具有完全民事行为能力应以设立遗嘱时行为人的民事行为能力为标准。

2.违背遗嘱人真实意思,受胁迫、欺骗所立的遗嘱无效。遗嘱必须表示遗嘱人的真实意思,凡受胁迫、欺骗所立的遗嘱,一律无效。所谓真实意思, 是指遗嘱人自主自愿地做出的, 完全是其本人内心意愿的反映,遗嘱人没有受到外界压力或诱惑。只有反映了本人意思的遗嘱才有效。受胁迫、欺骗而设立的遗嘱不是遗嘱人的真实意思表示,所以也应当是无效的。

3.伪造的遗嘱无效。伪造的遗嘱不是被继承人所订立的,根本不能反映其本人的真实意思,这样的遗嘱显然应属无效。即使伪造遗嘱没有损害继承人的利益,或并不违背被继承人的意思表示,也属无效。

4.遗嘱被篡改的,篡改的内容无效。遗嘱被篡改的,仅篡改的内容无效,因为仅该部分内容不是遗嘱人的真实意思表示,而其他部分乃遗嘱人本人意思表示的记载,故仍应有效。

5. 遗嘱取消缺乏劳动能力又没有生活来源的继承人的遗产份额的,遗嘱的相应部分无效。《继承法》第十九条规定:遗嘱应对缺乏劳动能力又没有生活来源的继承人保留必要的遗产份额。这部分人缺乏劳动能力,没有生活来源,剥夺其继承权,无异于造成其生存危机,因此,如果遗嘱没有对缺乏劳动能力又没有生活来源的继承人保留必要的份额,对应当保留的必要份额的处分无效;继承人是否缺乏劳动能力又没有生活来源,应按遗嘱生效时该继承人的具体情况确定。遗嘱人以遗嘱处分了属于国家、集体或他人所有的财产时,遗嘱的这部分也应认定为无效。

6.口头遗嘱无效的情况。《继承法》第十七条规定:遗嘱人在危机情况下,可以立口头遗嘱。危机情况解除后,遗嘱人能够用书面或者录音形式立遗嘱的,所立口头遗嘱无效。

7.遗嘱处分了遗嘱人无权处分的财产,该无权处分财产的部分无效。《继承法意见》第38条规定:遗嘱人以遗嘱处分了属于国家、集体或他人所有的财产的,遗嘱的这部分,应认定无效。

最高人民法院《关于贯彻执行〈中华人民共和国继承法〉若干问题的意见》第三十五条规定:继承法实施前订立的,形式稍有欠缺的遗嘱,如内容合法,又有充分证据证明确为遗嘱人真实意思表示的,可以认定遗嘱有效。《继承法》自1985年10月1日起实施,此条所称的形式上稍有欠缺的遗嘱,仅指在继承法实施前订立的遗嘱,并在继承法实施后遗嘱人死亡,其所立遗嘱虽稍有欠缺,但符合当时的法律要求,应确认该遗嘱合法有效。但在继承法实施后订立的遗嘱,即便稍有欠缺,也不能认定有效。

案例 1：

因代书遗嘱不符合法定形式无效

2005 年 6 月，李某父亲去世（母亲在三年前已经去世），李某要求继承父亲的遗产，李某的哥哥称父亲留有遗嘱，父亲在遗嘱中将其所有财产归李某的哥哥，李某不相信，因为从来没有听父亲说过立遗嘱的事情，因此诉至法院，要求继承其应有的份额。

庭审中，李某的哥哥向法庭提交了遗嘱，内容为："父病重，恐不久于人世。特立嘱如下：位于三道街一套 80 多平方米的住房归长子所有，现金 10 万元由长子支配，交纳住院费用及百年后的费用，如费用不足部分由长子和次子平均负担。"

李某的哥哥承认遗嘱内容是自己书写，但遗嘱上的签名是父亲自所签。法院判决该遗嘱不符合法定形式，应属于无效遗嘱，李某父亲的遗产应为李某与其哥哥共同所有。

专家解析：

李某父亲名下的房屋为私产房。李某的父母去世后，李某及其哥哥是法定继承人。继承开始后，按照法定继承办理；有遗嘱的，按照遗嘱继承。遗嘱必须具备法定形式，方为有效，这是进行遗嘱继承的前提要件。李某父亲所立遗嘱，虽然是本人签名，但内容非自己所写，不属于自书遗嘱，应属于代书遗嘱。根据代书遗嘱的要求，应当有两名以上见证人在场见证，由其中一人代书，注明年、月、日，并由代书人、其他见证人和遗嘱人签名。而且见证人不能是继承人或与继承人有利害关系的人。由于李某父亲所立代书遗嘱，是继承人所写，没有代书人，也没有见证人在场见证，因此，所立代书遗嘱，不符合代书遗嘱法定形式，该代书遗嘱不具有法律效力,遗产应按法定继承办理。李某的母亲也没有遗嘱,所以遗产份额应按法定继承办理。同一顺序继承人继承遗产的份额,一般应当均等。李某的哥哥及李某都是被继承人的儿子,按继承份额均等分配遗产。因此,依照《继承法》有关规定,李某父亲名下的房屋及现金归李某和其哥哥共同所有(每人各占二分之一)。

案例 2:

与继承人有利害关系的人不能作为遗嘱见证人,否则遗嘱无效

小张的父亲生前躺在病床上立下了遗嘱,将房子交由小张继承,其他二个子女无权继承。立遗嘱时,小张的叔叔正好在场,小张的父亲便请小张的叔叔作为见证人,又请了一位父亲的战友作为代书人。小张的父亲过世后,当小张拿着这份遗嘱去办理公证继承手续时,公证员经过审查遗嘱,了解到见证人是小张的叔叔,告知小张遗嘱是无效遗嘱。

专家解析:

按照法律规定,继承人和与继承人有利害关系的人不能作为见证人,否则遗嘱就无效。按照小张这样的情况,小张父亲所立的遗嘱因与法律规定相悖,导致遗嘱无效,代书遗嘱无效后,只能按照法定继承办理手续,也就是所有继承人按照法律规定的份额进行继承,而不能由小张一人单独继承。

案例 3:

子女在遗嘱上签字,遗嘱无效

陈老太太年过八旬,最近几年身体越来越不好,一直卧病在床。她担心在她百年后,子女为了她的房产产生矛盾,思来想去,将三个子女

招集到一起,并找到了几个邻居作为见证人和代书人,将自己名下的一套 60 余平方米的住房留给家境不好的三女儿所有,其他子女也表示赞成,陈老太太一边说,代书人一边记录,随后三子女都在遗嘱上签上了名字。

陈老太太去世后,小女儿到公证处办理继承公证手续时,被公证员告知:"遗嘱的形式基本符合要求,但作为子女,你们的名字全签到了遗嘱上,相当于你们也是见证人。因此该份遗嘱无效。"

专家解析:

遗嘱具有特殊性,只有在立遗嘱人去世后才能生效,而一旦生效后又被认定为无效,那就没有任何挽回的余地,因此,遇到代书遗嘱的情况,当事人最好了解一下法律规定,避免造成不必要的麻烦。

代书遗嘱是指遗嘱人请他人代替自己书写的遗嘱。依据《继承法》第十七条第二款的规定,代书遗嘱应当有两个以上见证人在场见证,由其中一人代书,注明年、月、日,并由代书人、其他见证人和遗嘱人签名。根据规定,下列人员不能作为遗嘱见证人和代书人:(1)无行为能力的人,限制行为能力的人。也就是不满 18 周岁的未成年人或者精神病患者。(2)继承人、受遗赠人。这些人和遗嘱人有着直接的利害关系。(3)与继承人、受遗赠人有利害关系的人。即这些人是和遗产的处理结果有直接关系的人,或者是与继承人,受遗赠人有较近的血缘关系、婚姻关系。

案例 4:

遗嘱人以遗嘱处分了属于国家、集体或他人所有的财产,遗嘱的这部分,应认定无效单女士早年丧偶,一儿一女都是自己一手带大。2001 年 3 月,单女士在城市三环路段购买一处门市房,又以门市房投资与朋友齐某合开了一家配货公司,单女士占 45% 的股份。通过多年的经营,配货公司发展得不错。单女士的一双儿女也逐渐长大成人,一家人的生活也越来越好。

多年来单女士经常感觉自己胸口疼痛,以为只是劳累过度,休息一下也就没事了。2011 年初,单女士又感到胸口疼痛严重,在子女强烈要求下到医院做了全面检查,诊断结果令单女士及家人大吃一惊:肺癌晚期,建议立即入院治疗。考虑到自己的身体状况和两个子女以后的生活,单女士在病床上写了一份遗嘱:因儿子一直参与公司的经营,因此将自己在配货公司的股份及房屋留给了儿子;将自己名下的一辆汽车和存款 48 万元留给了女儿。

立完遗嘱后不久,当年年底单女士因病情急剧恶化去世。单女士的儿女办理完母亲的后事,就按照母亲的遗嘱进行遗产继承。女儿的继承过程进行得比较顺利,可儿子在继承母亲留给自己的房产时却遇到了麻烦。因为母亲留给自己的房产,已经过户到公司名下,现公司的另一位股东齐某认为该房产是公司财产,拒绝单女士的儿子进行继承。

专家解析:

根据《中华人民共和国继承法》第十六条规定:公民可以依照本法规定立遗嘱处分个人财产。最高人民法院《关于贯彻执行〈中华人民共和国继承法〉若干问题的意见》第三十八条规定:遗嘱人以遗嘱处分了属于国家、集体或他人所有的财产,遗嘱的这部分,应认定无效。

本案中,单女士在遗嘱中留给儿子的房产,已经作为自己设立公司时的出资，并已经过户到公司名下，该房产就属于公司财产。根据上述法律规定，单女士无权处分属于公司的财产。遗嘱中涉及到的对该房产由自己儿子继承的部分是无效的，同时，根据相关法律规定，民事行为部分无效，不影响其他部分的效力的，其他部分仍然有效。因此本案中，单女士的女儿顺利地按照遗嘱继承了留给她的遗产，而单女士的儿子不能依据单女士的遗嘱继承该房屋。

案例5：

自书遗嘱应当由遗嘱人亲笔书写、签名并注明落款日期，否则遗嘱无效

于某万万没有想到由于自己没有在遗嘱上写下落款日期，去世后会引起两个儿子反目为仇，为了继承于某名下的房产，兄弟二人对簿公堂。

于某生有二子，于甲、于乙，于某的妻子在生下小儿子几天就在一场意外中不幸过世。由于小儿子于乙比较能说会道，也能得于某的心思，因此于某对于乙也是疼爱有加，但大儿子没有因为父亲的偏爱而对其不满，平时除了按月给父亲生活费用外，也不定时的与父亲谈心、嘘寒问暖。2012年于某身体状况越来越不好住进医院，住院期间两个儿子轮换照顾于某。某天于某在于乙的面前写了一份遗嘱，把自己名下80平方米的房产交由于乙一人继承。可能是由于当时疏忽或者是其他的原因，这份自书遗嘱一直都没有签上落款日期。

2013年于某过世后，于乙主张自己对于某遗留的房产具有全额继承权要求把房产过户到自己名下。于某的长子于甲认为父亲生前对弟弟于乙疼爱有加，其遗留下来的遗产相应多分给他一些可能性很大，但是父亲不可能把自己仅有的一套房子全部给自己的小儿子却丝毫不考

虑生活艰难的大儿子,肯定是于乙逼着父亲那么写的。即使父亲真实意思留下来了这份遗书,但并没有签署落款日期,父亲应该是基于公平起见才不注明落款日期,因此,依法应认定为遗嘱无效,房子还是应该由所有法定继承人共同享有,双方为此争执不下。2013 年 5 月 11 日,于甲将于乙起诉至法院,要求法院判决于某的遗嘱无效,于某遗留的房产由全体法定继承人共同享有。

专家解析:

根据《中华人民共和国继承法》第十七条的规定,公证遗嘱由遗嘱人经公证机关办理。自书遗嘱由遗嘱人亲笔书写,签名,注明年、月、日。本案中,于某书写遗嘱时精神状况良好,虽然健康状况稍差些,但不足影响对自己财产权益作出处分行为,由此可推定,于某书写遗嘱时不注明落款日期及在之后很长时间里也没有补上实属故意,说明于某并未真正下决心要把房产遗留给予乙一人继承。另外,于甲对于某也尽了相应的赡养义务,平时除了按月给父亲生活费用外,也不定时地与父亲谈心、嘘寒问暖,住院期间与于乙轮流照顾于某。并且于勇称于某基于公平起见才不注明落款日期的说法符合人们的日常处事规则,因此,于某遗留的房产应由于甲、于乙共同享有。

42.法定继承、遗嘱继承与遗赠、遗赠扶养协议的适用条件?

法定继承是指在被继承人没有对其遗产的处理立有遗嘱的情况

下,由法律直接规定继承人的范围、继承顺序、遗产分配的原则的一种继承形式。

法定继承由以下几种继承方式:

(一)法定继承人。《继承法》第十条规定:遗产按照下列顺序继承:第一顺序:配偶、子女、父母。第二顺序:兄弟姐妹、祖父母、外祖父母。继承开始后,由第一顺序继承人继承,第二顺序继承人不继承。没有第一顺序继承人继承的,由第二顺序继承人继承。本法所说的子女,包括婚生子女、非婚生子女、养子女和有扶养关系的继子女。本法所说的父母,包括生父母、养父母和有扶养关系的继父母。本法所说的兄弟姐妹,包括同父母的兄弟姐妹、同父异母或者同母异父的兄弟姐妹、养兄弟姐妹、有扶养关系的继兄弟姐妹。

(二)代位继承。《继承法》第十一条规定:被继承人的子女先于被继承人死亡的,由被继承人的子女的晚辈直系血亲代位继承。代位继承人一般只能继承他的父亲或者母亲有权继承的遗产份额。这里是指法定继承中被继承人的子女先于被继承人死亡时,由被继承人的子女的晚辈直系血亲代位继承其应继承的份额。代位继承人一般只能以被代位人的继承份额为限而继承。代位继承只适用于法定继承中,不适用于遗嘱与遗赠。

代位继承必须具备以下几个构成要件:

(1)被代位继承人必须是被继承人的子女。被继承人任何别的继承人都不能成为被代位继承人,他们的晚辈直系血亲也不能取得代位继承权。因此,被继承人的配偶、父母、兄弟姐妹、祖父母、外祖父母等先于被继承人死亡均不发生代位继承问题。被继承人的子女既包括婚生子女,也包括非婚生子女、养子女和形成扶养关系的继子女。

（2）被代位继承人必须先于被继承人死亡。即使被继承人的子女是继承开始以后遗产分割之前死亡的，也不能适用代位继承，而是适用转继承，而且被代位继承人死亡时没有被剥夺继承权，否则也不能发生代位继承。

（3）代位继承人必须是被代位继承人的晚辈直系血亲。被代位继承人的旁系血亲或者长辈均没有代位继承权，晚辈直系血亲包括生子女、养子女有扶养关系的继子女、孙子女、外孙子女、曾孙子女、外曾孙子女、养子女、已形成扶养关系的继子女的生子女、亲生子女的养子女、养子女的养子女、扶养关系的继子女的养子女，不受辈分限制。

（4）代位继承只能发生在法定继承方式中。代位继承属于法定继承的范畴，从代位继承人范围到代位继承时的遗产分配原则，都是法律直接规定的，他人无权任意变更。而在遗嘱继承中，因为遗嘱在继承人死亡时发生法律效力，所有遗嘱继承人死亡时并不享有继承权，因而其晚辈直系血亲就没有代位继承的权利，故遗嘱继承中不适用代位继承。

（三）转继承。转继承是在继承开始继承人直接继承后又转由转继承人继承被继承人的遗产，实际上是就被继承人的遗产连续发生的两次继承。转继承人实际上是分割被继承人遗产的权利，而不是继承被继承人遗产的遗产继承权。而代位继承人行使的是对被继承人遗产的继承权，而不是对被代位人的遗产继承权。转继承可以发生在法定、遗嘱继承及遗赠中，而代位继承只能适用于法定继承。

遗嘱继承是指按照立遗嘱人生前所留下的符合法律规定的合法遗嘱的内容要求，确定被继承人的继承人及各继承人应继承遗产的份额。

适用关系包括：（一）适用条件：立有遗嘱且合法有效；没有遗赠抚养协议；遗赠继承人没有放弃、丧失继承权，也未先于继承人死亡。

（二）适用顺序：公证的遗嘱优先于其他一切遗嘱，无公证遗嘱的，以最后所立遗嘱为准。（三）推定形式：被继承人生前行为（包括法律行为与事实行为）与遗嘱的意思表示相反，而使遗嘱处分的财产在继承开始前灭失、部分灭失或所有权转移、部分转移的，遗嘱视为被撤销或相应被撤销。

遗赠是指被继承人通过遗嘱的方式，将其遗产的一部分或全部赠与国家、社会或者法定继承人以外的被继承人的一种民事法律行为。遗赠的成立需要具备如下条件：1.单方、无偿、要式、死因民事法律行为；2.受赠人只能是国家、集体、或法定继承人以外的自然人；3.遗赠的意思表示真实有效；4.受遗赠人未先于遗赠人死亡的；5.受遗赠人有表示接受的明示行为的。

遗赠抚养协议是指受抚养人（公民）和抚养人之间订立的关于抚养人承担受抚养人的生养死葬义务，受抚养人将自己所有的财产遗赠给抚养人的协议。

遗赠抚养协议的特征：1.一方只能是自然人，另一方可以是法定继承人以外的自然人，也可以是集所有制体组织；2.当事人之间不能存在法定抚养权利义务；3.有偿抚养协议，一方尽到抚养义务，另一方在死后将自己所有的财产遗赠给对方的事法律行为。

案例：

商某经过多年的努力，从最初的包工队，发展成资产达五千万元的建筑工程有限公司。商某有二子，妻子已于三年前因病去世，大儿子商某海在公司任副董事长兼总经理，次子商某涛因车祸在七年前死亡，死亡时留下一子商甲一女商乙。2007年5月，商某因心脏病发作突然死亡。长子商某海继任公司董事长,并掌管商某留下的所有家庭财产。商甲和商乙在爷爷商某死后多次向自己的伯父商某海提出要继承爷爷的遗产与公司股份,均遭到严厉拒绝,其理由一是作为长子,理应接手公司,并且公司是正在运转的企业,不能当作遗产分割;二是作为孙辈的商甲、商乙无权继承爷爷的遗产。于是商甲和商乙共同向法院提起诉讼状告自己的伯父,要求继承爷爷的遗产和公司股份。

专家解析:

本案争议的焦点:

1.孙子女有无代位继承的权利;

《继承法》第十一条规定:被继承人的子女先于被继承人死亡的,由被继承人的子女的晚辈直系血亲代位继承。代位继承人一般只能继承他的父亲或者母亲有权继承的遗产份额。

最高人民法院《关于贯彻执行〈中华人民共和国继承法〉若干问题的意见》第二十五条规定:被继承人的孙子女、外孙子女、曾孙子女、外曾孙子女都可以代位继承,代位继承人不受辈数的限制。第二十六条规定:被继承人的养子女、已形成扶养关系的继子女的生子女可代位继承;被继承人亲生子女的养子女可代位继承;被继承人养子女的养子女可代位继承;与被继承人已形成扶养关系的继子女的养子女也可以代位继承。

关于代位继承的理论仍然属于法定继承范围中的一种特殊继承制度,是为弥补第一顺序继承人中子女的缺额而设定的,在正常情况下,被继承人死亡时其子女便依法同其他第一顺序的法定继承一起直接行使继承权,如果被继承人的子女先于被继承人死亡,则第一顺序继承中就产生了空缺，原应由先亡子女继承的那一部分遗产份额就可能成为无人继承的财产。所以，法律确认先亡子女的晚辈直系血亲代位继承，实质就是赋予他们代表先亡长辈直系血亲取得本应由其继承的遗产。如果被继承人的先亡子女生前就丧失了继承权，则其晚辈直系血亲也就没有代位继承权。本案中老人商某并没有在生前留下书面或其他形式的遗嘱，公司的股份及家庭财产由长子继承。因此按照继承法的规定，孙子女有代位继承的权利，商甲、商乙符合代位继承的构成要件，符合代位继承的法律特征，有权成为代位继承人，代表其早亡的父亲商某涛，按照法定继承的顺序，继承其祖父商某(包括祖母)留下的遗产中的法定份额。

2.有限公司的股份能否予以继承的问题。关于有限公司是正在运转的企业，不能当作遗产分割的提法也是某些人的片面理解，《中华人民共和国公司法》第七十六条规定：自然人股东死亡后，其合法继承人可以继承股东资格；但是公司章程另有规定的除外。因此继承人可以继承股东资格，同理，代位继承人也享有这个权利。本案中商甲、商乙作为代位继承人依据公司法当然可以继承祖父商某(包括祖母)在公司中的股份并成为股东。

43.如何签订遗赠扶养协议？

遗赠扶养协议，是遗赠人与扶养人签订的、由扶养人承担遗赠人生养死葬的义务，遗赠人将自己的合法财产的一部分或全部于其死后转移给扶养人所有的协议。遗赠扶养协议是我国《继承法》确立的一项新的法律制度，是我国继承制度的新发展。我国《继承法》第三十一条规定：公民可以与扶养人签订遗赠扶养协议。按照协议，扶养人承担该公民生养死葬的义务，享有受遗赠的权利。公民可以与集体所有制组织签订遗赠扶养协议。按照协议，集体所有制组织承担该公民生养死葬的义务，享有受遗赠的权利。

案例：

高某和孤寡老人刘某某是多年的邻居，刘某某老人无儿无女配偶早年去世，老人的兄弟姐妹也先于刘某某老人去世。刘某某在多年的观察，认为高某为人敦厚、老实，对人对事从来不斤斤计较，并且平时对老人不错，为了晚年有人照顾，就与高某商量后，双方订立扶养协议，该协议约定："刘某某由高某赡养，待刘某某百年之后由高某取得刘某某所有的房屋一套面积74平方米及存款等。"之后高某尽心尽力地照顾了刘某某老人的日常生活，5年后老人因病医治无效去世。

老人的侄子李某得知老人去世的消息后要求继承老人的财产。李某认为老人无儿无女自己是刘某某的侄子应当继承遗产，协议不属于合同没有效力。双方无法达成一致，于是李某起诉至法院，请求事项为：1.认定老人刘某某与高某签订的协议无效；2.要求继承老人刘某某的所有遗产。

专家解析：

遗赠扶养协议是指受扶养人（公民）和扶养人之间订立的关于扶养人承担受扶养人的生养死葬义务，受扶养人将自己所有的财产遗赠给扶养人的协议。遗赠扶养协议有两种：一种是公民与公民签订的遗赠扶养协议，另一种是公民与集体经济组织签订的遗赠扶养协议。遗赠扶养协议已经签订即发生效力。

遗赠扶养协议具有以下效力和特点：

1.遗赠扶养协议是双方的法律行为，只有在遗赠方和扶养方双方自愿协商一致的基础上才能成立。凡不违反国家法律规定、不损害公共利益、不违反社会主义道德准则的遗赠扶养协议即具有法律约束力，双方均必须遵守，切实履行。任何一方都不能随意变更或解除。如果一方要变更或解除，必须取得另一方的同意。而遗赠是遗嘱人单方的法律行为，不需要他人的同意即可发生法律效力。遗赠不仅可以单方面订立遗嘱，而且还要以随时变更遗嘱的内容，或者撤销原遗嘱，另立新遗嘱。遗赠扶养协议是有偿的、相互附有条件的，它体现了权利义务相一致的原则。遗赠扶养协议不仅有遗赠财产的内容，而且还包括扶养的内容。

扶养人在遗赠人生前扶养遗赠人，在遗赠人死后安葬受扶养人。扶养人不认真履行扶养义务的，遗赠人有权请求解除遗赠扶养协议。遗赠人未解除协议的，对不尽扶养义务或者以非法手段谋夺遗赠人财产的扶养人，经遗赠人的亲属或者有关单位的请求人民法院可以剥夺扶养人的受遗赠权，对不认真履行扶养义务，致使遗赠人经常处于生活缺乏照料状况的扶养人，人民法院也可以酌情对扶养人受遗赠的财产数额予以限制。

遗赠扶养协议从协议成立之日起开始发生法律效力，遗赠人对在遗赠扶养协议中指定遗赠给扶养人的财产，在其生前可以占有、使用、收益，但不能处分，遗赠人擅自处分财产，致使扶养人无法实现受遗赠权利的，扶养人有权解除遗赠扶养协议，并得要求受扶养人补偿其已经付出的供养费用。

2.遗赠扶养协议的主体只能是公民,扶养人可以是公民(必须是法定继承人以外的人),也可以是集体所有制组织,而且须具有扶养能力和抚养条件,同时扶养人没有法定的抚养义务。并且遗赠扶养协议双方,互相权利,互负义务。扶养人负有对遗赠人生养死葬的义务,享有接受遗赠人遗赠财产的权利;遗赠人享有接受扶养的权利,负有将其遗产遗赠给扶养人的义务。

3.遗赠扶养协议是遗产处理的依据,在遗产处理时排斥遗嘱继承和法定继承。我国《继承法》第五条规定:继承开始后,按照法定继承办理;有遗嘱的,按照遗嘱继承或者遗赠办理;有遗赠扶养协议的,按照协议办理。遗赠扶养协议必须是书面形式,不能为口头形式,以便明确双方的权利义务,有利于协议的履行。

从本案可以看出,高朋切实履行了遗赠扶养协议,对刘某某进行了生养死葬的义务,因此高某与刘某某签订的遗赠扶养协议合法有效。

44.如何书写遗赠扶养协议书?

❋ ❋ ❋

遗赠扶养协议书(范本)

遗赠人:×××,性别,年龄,汉族,住×××(称甲方)

×××,性别,年龄,汉族,住×××

扶养人：×××,性别,年龄,汉族,住×××。(称乙方)

甲方系夫妻关系,现遗赠人年事已高,体弱多病,现经与乙方协商,根据《继承法》的有关规定,达成本协议,内容如下：

一、由乙方承担甲方的衣、食、行、医疗、殡葬等费用,直至甲方两位遗赠人"百年"为止。

二、乙方享有受赠甲方全部财产的权利。包括位于×××号房屋,甲方的全部生活用品及存款等。

三、甲、乙双方应信守承诺,自觉履行本协议书的权利义务,永不反悔。

四、双方指定×××居民委员会负责监督本协议书的履行。

五、本协议书一式三份,甲、乙双方和×××居委会各持一份,具有同等效力。

立遗赠人:签字(夫妻)　　　　扶养人:签字

见证人:签字

年　月　日

45.附义务的遗嘱有什么要求?

所谓附义务的遗嘱，是指遗嘱中明确指定遗嘱继承人或者受遗赠人必须履行一定义务的遗嘱。我国继承法中承认可附义务,《继承法》第二十一条规定:遗嘱继承或遗赠附有义务的,继承人或有受遗赠人应当履行义务。没有正当理由不履行义务的,经有关单位和个人请求,人民法院可以取消他接受遗产的权利。

遗嘱中所附加的义务主要包括两类,一是为社会公共利益附加的义务,如须将遗嘱中指定的财产用于社会福利事业或兴办学校、科研机构等。二是为公民个人附加义务,即遗嘱继承人或受遗赠人应给某一公民尽一定义务。但在附义务的遗嘱中,所附义务不得违反法律和社会公共利益,且所附义务不得超过遗嘱继承和受遗赠从该遗嘱中所应得的遗产利益,即遗嘱继承或受遗赠人承担义务以接受的遗产份额的价值为限。在附义务的遗嘱继承、遗赠中,遗嘱继承人或受遗赠人不能只表示接受权利而不接受义务。遗嘱继承人、受遗赠人没有正当理由而不履行遗嘱中合法的义务,却接受了遗产,经利害关系人请求,人民法院可以取消他接受遗产的权利。并不影响该继承人依照法定继承取得遗产。

案例:

魏某(已于 2008 年阴历 3 月 11 日死亡,妻子先于魏某去世)有两个子女,虽然有儿子,但儿媳经常对魏某辱骂,儿子在旁边也不规劝,魏某很是伤心。女儿却很孝顺、懂事,考虑到父亲的养老问题,女儿毅然决定招夫养老,于 1988 年 5 月和丈夫建立了婚姻关系。魏某与女儿、女婿于 1988 年 12 月公证处进行了公证,女儿与女婿愿意承担赡养魏某的义务。

魏某一直与女儿女婿夫妇住在一起,从日常的起居到平时的开销,包括两老人住院期间的医药费,夫妻两人都尽到了做儿女的义务,直至 2004 年 1 月,魏某病逝。现儿子为其父亲魏某名下的房屋与女儿发生争执,并且儿子、儿媳以各种方式阻止女儿办理房产更名过户。7 月女儿以遵照遗嘱完成对父亲赡养义务为由,诉至法院,请求魏某名下房产归其所有。

专家解析:

附义务的遗嘱中所规定的义务,是遗嘱人对继承人或受遗赠人取得遗产所附加的条件,但这种附加条件,须符合以下要求:

(1)附义务的遗嘱中所设定的义务,只能由遗嘱继承人或受遗赠人承担,遗嘱人不得对不取得遗产利益的人设定义务。(2)附义务的遗嘱中所设定的义务,不得违反法律和社会公共利益。否则,法律不予保护。(3)附义务的遗嘱中所设定的义务,必须是有可能实现的。如果遗嘱人在遗嘱中规定的继承人或受遗赠人应当履行的义务,没有实现的可能,法律对此种遗嘱中规定的义务不予保护。(4)附义务的遗嘱中所规定的继承人或受遗赠人应当履行的义务

本案可以看出,魏某名下的房产归魏某所有,魏某生前已表明如女儿为其养老送终,就把该房产赠与给女儿,其父亲的行为属附义务的赠与合同。现魏某已去世,女儿、女婿已尽了赡养义务,赠与合同所附的义务已经完成,应属其父的房产应给付女儿。因此,魏某名下的房产应归女儿、女婿所有。

46.遗嘱如何变更和撤销?

根据《继承法》第二十条规定:遗嘱人可以撤销,变更自己的遗嘱。

遗嘱的变更是指遗嘱人在遗嘱设立以后,生效以前对自己所立的遗嘱内容进行修改。遗嘱的撤销是指遗嘱人取消原来所立的遗嘱,使还没有发生法律效力的遗嘱在将来不因其死亡而发生法律效力。遗嘱的撤销不受时间、原因的限制,遗嘱人可以在任何时间,不问任何事由变更或撤销以前所立的遗嘱,但变更或撤销只能由遗嘱人亲自为之,不得代理。

遗嘱的变更或撤销有以下几种方式:1. 以书面形式声明撤销或变更原遗嘱,不得以自书、代书、录音、口头方式撤销公证遗嘱。2. 以立新遗嘱的方式使原遗嘱丧失法律效力。3. 遗嘱人的行为与遗嘱相抵触时,其抵触行为则被视为对原遗嘱的撤销或变更。

案例:

1988 年 6 月,刘某与李某登记结婚(双方均再婚,并各带一子),2009 年 7 月 5 日,双方共同订立了一份公证遗嘱,将夫妻共有的两处房产作如下处分:(一)夫妇一方死亡后,先死亡者遗留下的房产份额由健在的老伴继承;(二)夫妇两人均死亡后,105 平方米的房产由刘某的儿子继承,113 平方米的房产由李某的儿子继承;(三) 夫妇俩健在期间,可共同变更、撤销遗嘱,夫妇一人健在时,可以自行变更、撤销本遗嘱;(四)本遗嘱第一项在夫妇一方死亡后生效,第二项在夫妇俩均死亡后生效。2011 年 4 月,李某因车祸去世。同年 10 月 13 日,刘某向公证部门公证撤销了前述遗嘱,李某的儿子认为公证已经发生效力,刘某无权变更、撤销遗嘱,与刘某就房产继承发生了纠纷。

专家解析:

本案即为一起因共同遗嘱的撤销而引发的家庭纠纷,刘某与李某共同设立遗嘱,约定夫妻双方首先互为继承人,双方均死亡后遗产再由子女继承,同时约定了双方可共同撤销、变更遗嘱,若一方在世可自行撤销、变更遗嘱。李某死亡后,刘某经公证撤销了共同遗嘱,但对于遗嘱中夫妻互为继承人的遗嘱第一项,是否能够撤销,刘某与李某的儿子持不同观点,这也是本案的争议焦点。

共同遗嘱是指两名或两名以上的遗嘱人共同设立的遗嘱,司法部《遗嘱公证细则》第十五条规定:遗嘱人坚持申请办理共同遗嘱公证的,共同遗嘱中应当明确遗嘱变更、撤销及生效的条件。《中华人民共和国继承法》第二十条规定:遗嘱人可以撤销、变更自己所立的遗嘱;立有数份遗嘱,内容相抵触的,以最后的遗嘱为准;自书、代书、录音、口头遗嘱,不得撤销、变更公证遗嘱。如果遗嘱人立有数份遗嘱,内容相抵触,的最后的遗嘱为准,遗嘱人在订立的新遗嘱中不论是否明确表示撤销原遗嘱,只要前后遗嘱内容相抵触时,即意味着前一遗嘱被后一遗嘱撤销;部分抵触的,部分撤销;全都抵触的,全部撤销。

最高人民法院《关于贯彻执行〈中华人民共和国继承法〉若干问题的意见》第三十九条规定:遗嘱人生前的行为与遗嘱的意思表示相反,而使遗嘱处分的财产在继承开始前灭失、部分灭失或所有权转移、部分转移的,遗嘱视为被撤销或部分被撤销;第四十二条规定:遗嘱人以不同形式立有数份内容相抵触的遗嘱,其中有公证遗嘱的,以最后所立公证遗嘱为准;没有公证遗嘱的,以最后所立的遗嘱为准。也就是说,原来所立的是公证遗嘱,在撤销或变更时,仍需要的以公证遗嘱所代替,不能其他形式的遗嘱撤销或变更公证遗嘱,如遗嘱人在世时将遗嘱中的财产变卖,其变卖财产的行为就是对原遗嘱的撤销。最高法院司法解释规定,遗嘱人生前的行为与遗嘱的意思表示相反,而使遗嘱处分的财产在继承开始时灭失,部分灭失或所有权转移,部分转移的,遗嘱视为被撤销或部分被撤销。遗嘱的变更,是指遗嘱人在遗嘱设立后对遗嘱内容的部分修改。遗嘱的撤销是指遗嘱人在设立遗嘱后又取消原来所立的遗嘱。遗嘱是于遗嘱人死亡继承开始之时才发生法律效力的法律行为,是遗嘱人单方的意思表示,因此,在遗嘱发生效力前,遗嘱人可以在任何时间,不问任何事由变更或撤销以前所立的遗嘱,但变更或撤销只能由遗嘱人亲自为之,不得代理。

本案中,因李某死亡的事件发生后继承开始,遗嘱第一项也具备生效条件,李某系该项遗嘱的遗嘱人,刘某系该项遗嘱的继承人,刘某作为李某指定的继承人依法取得涉案房产物权。遗嘱第一项已经生效且继承也已发生,刘某公证撤销遗嘱的行为对该项遗嘱不发生法律效力,但对于涉案遗嘱的第二项"夫妇俩均死亡后,105 平方米的房产由刘某的儿子继承,113 平方米的房产由李某的儿子继承",刘某仍健在,该项遗嘱尚不具备生效条件,刘某有权撤销该财产之上所立遗嘱。因此,遗嘱第三项中的"夫妇俩一人健在时,可以自行变更、撤销本遗嘱",实际上针对的就是遗嘱第二项,本案应认定刘某经公证撤销了遗嘱第二项。因此刘某公证撤销遗嘱的行为对遗嘱第一项不发生效力。

47.专款专用的社会捐款是不是遗产?

作为慈善公益事业主要组成部分的社会捐款在中国社会发展进程中发挥着日益重要的作用。但是在社会捐赠善款属于谁这一问题,特别是捐款余额的归属问题在社会上认识中并不明确。在下面某某省某某县人民法院的判决中,明确社会捐款余额应归属社会机构,这也符合募捐本身的社会价值取向,对激励社会爱心人士对社会捐款的热情,慈善事业的良好发展起着重要作用。

案例:

1995 年 7 月某某省某某县地税局职工余某身患白血病,缺乏医疗费用,某某县地税局经余某本人及上级部门同意,向全国税务系统发起募捐,共募得捐款 24 万余元,并成立了"抢救余某资金管理委员会"对捐款的使用进行监督管理。1998 年 11 月余某死亡,此时捐款尚余 14 万元。其后,余某之父余某某要求继承该笔余额,与某某县地税局就捐款余额所有权的归属发生了历经三审,长达三年的诉讼。某某县法院一审认为:某某县地税局为余某募集医疗费,发起人是某某县地税局,所募集的款项是汇至地税局指定的账号,由地税局保管支配并监督专款专用,不是直接赠与余某本人,因此,余某并未取得这笔捐款的所有权。同时,捐款用途明确是为余某治病,而余某治病期间应用的费用已支付完毕。余某病故后,捐款余额不应属于余某的个人财产。某某地区中级法院二审认为:全国部分税务系统及个人赠与人捐款给余某治病,余某作为特定受赠人,对该款拥有所有权。某某县地税局"抢救余某资金管理委员会"仅对该捐款行使财产代管权。余某病故后,其所受捐款是其个人遗产。因此,余某某对余某的遗产享有继承权。自治区高级法院再审认为:捐款人出于抢救余某生命的良好愿望和对资金管理委员会的信任,将捐款汇给资金管理委员会,让其统一管理和支配,以确保余某疾病的治疗。因金钱是一般等价物,以占有为物权的公示形式,所捐的款项为资金管理委员会占有,而不是余某占有,余某作为捐款的受益人仅在支付医疗费用上享有特定的请求权,而对捐款并不享有所有权。余某死亡后,捐款余额不应作为余某的遗产处理。鉴于该捐款的受益人余某已死亡,资金管理委员会已解散,暂存于银行的捐款余额,应由地税局根据捐款人的捐款意愿转给公益事业机构用于公益事业。由此,自治区高级法院判决撤销二审判决,维持一审判决。

专家解析:

一起较为典型的募捐纠纷案,这起募捐案为什么会引发了法律界人士关于社会捐款所有权问题的激烈争论,从这点不难看出我国在社会捐款方面的立法还不够完善,随着社会文明观的进步和公民财富的增加,公益捐赠会更加多起来,今后此类问题的争议还会层出不穷。因此,应该健全、完善社会捐款方面的立法,明确社会捐款余额的权益归属问题。

依据现行法律规定及民法原理均不能得出捐款余额所有权的归属的结论。同时,对社会捐款的性质的认定,捐款余额所有权的确定等方面没有一致的做法,判决理由各异,判决结果也大不相同。因此,捐款余额的所有权必须从对社会募捐法律关系性质的准确界定,所涉及的当事人的权利义务的内容、法理学、法社会学的基本原理以及社会的价值取向等因素来解决。

48.死亡赔偿金能否作为遗产处分?

关于死亡赔偿金是否属于遗产,历年争议就很多,有学者认为死亡赔偿金不属于遗产,又有学者认为死亡赔偿金属于遗产。

案例:

　　王某驾驶的一辆小轿车在左转时与于某驾驶的一辆客车发生碰撞,造成王某及其妻子当场死亡、于某车辆损坏的交通事故。该事故经交警部门作出事故责任认定:王某负事故的主要责任,于某负事故的次要责任。事故发生后,王某的家属因王某的死亡获得20万元的死亡赔偿金,于某因车辆损坏,花去修理费1.5万元。于某认为,王某负事故的主要责任,这修理费不应由自己一人承担,王某也应该承担一部分,遂诉至法院,要求王某的家属从死亡赔偿金内承担70%的修理费。法院经审理后认为,王某因交通事故死亡,没有留下任何遗产,其家属所获得的死亡赔偿金,不属于王某的遗产。为此,法院判决驳回于某的诉讼请求。

专家解析:

　　遗产必须是公民依法可以拥有的财产和有合法根据取得的财产,公民只有在生命存续期间才能通过行使一定的民事行为,取得合法的财产。公民因被侵权而死亡的,民事主体资格已不存在,侵权人支付的死亡赔偿金就不可能是被侵权人通过行使民事行为取得的,因此死亡赔偿金不是被侵权人的合法财产。再次,遗产是公民死亡时尚存的个人财产,而死亡赔偿金是侵权人在被侵权人死亡后支付的,而不是被侵权人死亡时遗留的财产。

　　死亡赔偿金的给付请求权是属于死者的近亲属。死亡赔偿金是公民因他人侵权致死,由加害人给死者近亲属所造成的物质性收入损失的一种补偿,而不是对死者生命的补偿,因为生命是不能用金钱来计算的。

死者的债权人就不能以死亡赔偿金来主张清偿死者的债务,该项请求是没有法律依据的。我国《继承法》第三条规定:遗产是公民死亡时遗留的个人合法财产,包括:(一)公民的收入;(二)公民的房屋、储蓄和生活用品;(三)公民的林木、牲畜和家禽;(四)公民的文物、图书资料;(五)法律允许公民所有的生产资料;(六)公民的著作权、专利权中的财产权利;(七)公民的其他合法财产。最高人民法院《关于贯彻执行〈中华人民共和国继承法〉若干问题的意见》第三条规定:公民可继承的其他合法财产包括有价证券和履行标的为财物的债权等。第四条规定:承包人死亡时尚未取得承包收益的,可把死者生前对承包所投入的资金和所付出的劳动及其增值和孳息,由发包单位或者接续承包合同的人合理折价、补偿,其价额作为遗产。根据《继承法》及其《意见》可以看出,死亡赔偿金并不包括在所列举的遗产范围之内。因此,死亡赔偿金不属于死者遗产。

49.已经离婚的女人,是否可以继承公公的遗产?

❀ ❀ ❀

儿媳继承公婆的遗产,在遗嘱指定之外只有两种情形:一是丧偶儿媳对公婆尽了主要赡养义务的,可以作为第一顺序继承人。二是"转继承",即继承开始后,继承人没有表示放弃继承,并于遗产分割之前死亡的,其继承遗产的权利转移给他的合法继承人。

依据最高人民法院《关于贯彻执行〈中华人民共和国继承法〉若干问题的意见》第五十二条规定:继承开始后,继承人没有表示放弃继承权,并于遗产分割前死亡,其继承遗产的权利转移给他的合法继承人。第五十三条规定:继承开始后,受赠人表示接受遗赠,并于遗产分割前死亡的,其接受遗赠的权利移转给他的继承人。

转继承必须具备如下几点:

1.只有在被继承人死亡之后,遗产分割之前,继承人也相继死亡,才发生转继承;

2.只有继承人在前述的时间内死亡而未实际取得遗产,而不是放弃继承权;

3.只能由继承人的法定继承人直接分割被继承人的遗产;

4.转继承人一般只能继承其被转继承人应得的遗产份额;

5.转继承人可以是被继承人的直系血亲,也可以是被继承人的其他合法继承人。

案例:

周某男与刘某女于1999年结婚。周某男有兄妹三人,但其哥哥姐姐均在外地工作,只有他与父亲共同生活。2004年4月周某男父亲去世,留下存款70余万元。因为周某男的姐姐及哥哥单位比较忙,在处理完丧事后就回单位工作,遗产就一直没有处理。2005年11月,刘某女因为不能容忍周某男出轨行为而与其离婚。2006年7月,周某男因病去世。8月份,周某男的哥哥姐姐回来处理其父遗产,二人认为刘某女已经与周某男离婚,不同意分给其遗产。刘某女向法院提起诉讼,认为自己随周某男与其父亲共同生活了近7年,尽了一个儿媳应尽的孝道,要求继承李某的遗产。

专家解析：

本案中,刘某女是否能够继承李某的遗产,那么就要分析其是否具备转继承的条件。

首先,什么是转继承制度呢?

转继承,是指继承人在继承开始后实际接受遗产前死亡,该继承人的合法继承人代其实际接受其有权继承的遗产。转继承人就是实际接受遗产的死亡继承人的继承人。

被继承人死亡时,必须是生存的继承人才有继承权利能力,才能继承被继承人的遗产。但是在遗产分割前,继承人对遗产的权利是体现在应继承的份额上,而不是体现在对具体遗产的所有权上,这时如果继承人死亡,因其已无权利能力,自然不能直接承受遗产。转继承具有以下几个特征。

1.转继承权必须是在继承人在继承开始以后,分割财产以前死亡方才产生。如果继承人先于被继承人死亡则为代位继承了。

2.转继承人的份额仅以已死亡的继承人的法定继承份额为限。

3.如果已死亡的继承人在继承开始以后,财产分割后才明确表示放弃遗产,那么就不存在转继承的问题。

4.转继承不仅存在于法定继承中,而且存在于遗嘱继承之中。遗嘱继承人在继承开始以后,财产分割以前死亡的,他的法定继承人同样可转继承遗嘱继承人的那份该继承的遗产份额。

其次,分析刘某女属于遗嘱转继承中夫妻共同财产的情况吗?

《中华人民共和国婚姻法》第十八条规定:有下列情形之一的,为夫妻一方的财产：(一)一方的婚前财产；(二)一方因身体受到伤害获得的医疗费、残疾人生活补助费等费用；(三)遗嘱或赠与合同中确定只归夫或妻一方的财产；(四)一方专用的生活用品；(五)其他应当归一方的财产。

周某男和刘某女二人是在继承开始以后办理了离婚手续，周某男于遗产分割前死亡的情况出现时，由于周某男作为遗产继承人不能再作放弃继承的意思表示，原本由其继承的财产份额就自然地构成了他自己财产的一部分。由于其应当继承的遗产份额仍然是婚姻关系存续期间取得的，在夫妻双方没有约定的情况下，还是属夫妻共同财产，对该部分继承所得的财产，应当进行夫妻财产分割。这时刘某女只能要求分割属于夫妻共同财产中属于自己的部分，诉讼中的地位应当是有独立请求权的第三人。因此，在离婚之时，刘某女作为非继承人无权要求对财产进行分割，其只能对遗产享有期待权，即一旦继承人对遗产作出了分割安排，刘某女就可以要求分得属于自己的部分。

本案中，周某男的父亲在死亡前没有立下遗嘱，应当按照法定继承办理。周某男在继承开始以后遗产分割前死亡，并且在其死亡前已经和刘某女离婚，周某男在死亡前未作放弃继承的意思表示，视为接受遗产，其应当继承的遗产份额在遗产分割时应归其所有，遗产的分割具有溯及力，通过分割确定归继承人所有的遗产，视为继承人在继承开始时就享有的财产。因此，周某男对遗产的权利是在婚姻关系期间取得的，在无特别约定的情况下应属于夫妻共同所有财产。刘某女可以对该继承所得财产以属于夫妻共同财产为由要求予以分割。周某男通过继承获得的遗产中有一半属于刘某女所有。

周某男和刘某女虽然已经离婚了，已不再具有"儿媳"身份，自然不能通过"继承"和"转继承"来获得"公公"的遗产。但是在本案中,周某男父亲去世时对其遗产的继承也就开始了,周某男没有宣布放弃继承,因此他应该继承的遗产,这部分遗产也就转为了周某男夫妻的共同财产。因为李某男及其父亲没有遗嘱指定,所以刘某女有权要求从周某男应得遗产中分得一半。

50.什么人不能为遗嘱做见证?

在《继承法》规定的五种遗嘱中有三种是需要两个以上的见证在场见证的。见证人是否适格决定是所立遗嘱能否成立的关键因素。

需要有两个以上见证人见证的遗嘱有代书遗嘱、录音遗嘱、危急情况下订立的口头遗嘱。《继承法》中也对见证人做出了明确规定,要求作为遗嘱见证人,必须同时具备下列条件:

(1)遗嘱见证人应当是具有完全民事行为能力的成年人。

按照《民法通则》的规定,年满18周岁的公民是成年人。具有完全民事行为能力,可以独立进行民事活动,是完全民事行为能力人。已满16周岁不满18周岁的公民,以自己的劳动收入作为其主要生活来源的,在法律上视为完全民事行为能力人,可以作为遗嘱见证人。但是限制行为能力人和无行为能力人则不能作为遗嘱见证人。

(2)继承人、受遗赠人不能作为遗嘱见证人。

继承人既包括第一顺序法定继承人,也包括第二顺序法定继承人。

所以这里的继承人泛指所有法定继承人。由于遗嘱对遗产的处分直接影响到继承人、受遗赠人对遗产的接受,他们就与遗嘱有了直接的利害关系,如果他们做见证人有可能影响遗嘱人自愿表达其内心意志,就难以保证其见证的真实性和客观性,因而不能作为见证人。

(3)与继承人、受遗赠人有利害关系的人。

与继承人、受遗赠人有利害关系的人,是指继承人、受遗赠人能否取得遗产,取得多少遗产会直接影响其利益的人。这部分人根据有关司法解释包括:继承人、受遗赠人的近亲属,如配偶、父母、子女、兄弟姐妹、祖父母、外祖父母;继承人、受遗赠人的债权人和债务人、共同经营的合伙人等都视为与继承人和受遗赠人有利害关系的人。其做见证人也有可能会影响见证的客观性和公正性,因此这类人群也不能作为见证人。

(4)见证人要有相应的见证能力。

这里所说的见证能力是指见证人要能够理解遗嘱的内容,认识并理解遗嘱中所写内容的人。有些人虽然有完全民事行为能力,也与继承人和受遗赠人没有直接和间接的利害关系。但由于不识字无法自己准确地知道遗嘱的内容,或是由于双目失明不能看见遗嘱的内容,再或是聋哑人不能听到立遗嘱人的表述。这类人都是不能作为见证人为遗嘱见证的。

案例:

李某有三个子女分别是王一、王二、王三。李某早年丧夫,所以一直与大儿子王一生活在一起。2002年5月12日由于李某生命垂危,因此在病友章某和张某的见证下立下口头遗嘱,将自己唯一一套住房留给一直照顾自己的大儿子王一。后因为李某病情好转，为了能够更加稳妥地将房子留给大儿子，李某又找到村书记徐某代书同时找到同村的刘某和冯某做遗嘱的见证人。遗嘱中明确李某的这套房产有大儿子王一继承，代书人和两个见证人都签字按了指印。2008 年李某因病去世，王一拿着李某的遗嘱主张对李某的房子享有继承权，但是王二、王三对此提出异议，认为此遗嘱中的两个见证人于王一有利害关系，此遗嘱无效。经查两个见证人刘某与冯某在李某生病期间都曾经与王一有过借贷关系。因此法院判决兄弟三人对房屋都享有继承权。依照《继承法》相关规定三人平均继承该遗产。

专家解析：

公民可以立遗嘱处分个人财产，但是立遗嘱人必须按照法律规定的遗嘱形式和有效条件设立遗嘱。才能使遗嘱在立遗嘱人死后发生效力，否则遗嘱将无效。代书遗嘱是我国法定遗嘱形式之一。本案中，李某生前依自己真实意愿立下了两份遗嘱，而两份遗嘱是否有效，则关键看这两份遗嘱是否符合法律规定。第一份遗嘱是口头遗嘱，口头遗嘱是危急情况下设立的，在危急情况解除后，遗嘱人能够书面或者录音形式立遗嘱的，所立的口头遗嘱无效，因此李某的第一份口头遗嘱在危急解除的时候归于无效。第二份遗嘱是代书遗嘱，此份遗嘱形式上都是符合《继承法》相关规定的。但恰恰是在见证人的问题上出现了纰漏，两位见证人都不符合法律的规定，都与继承人王一有借贷关系，在这点上他们都不是适格的见证人，因此法院认定遗嘱无效是符合法律规定的。既然遗嘱被认定无效，那么李某留有的房屋只能按照法定继承由三个子女均等分配。

根据《继承法》第十七条规定:代书遗嘱应当有两个以上见证人在场见证,由其中一人代书,注明年、月、日,并由代书人、其他见证人和遗嘱人签名。根据《继承法》第十八条规定:无行为能力人、限制行为能力人、继承人、受遗赠人、与继承人、受遗赠人有利害关系的人不得作为遗嘱见证人。可见,见证人是否适格,将直接关系到遗嘱的法律效力。

51.如何撤销或变更遗嘱及其效力?

(一)遗嘱的变更或撤销。

遗嘱的变更是指遗嘱人在遗嘱设立后对遗嘱内容的部分修改;遗嘱的撤销是指遗嘱人在设立遗嘱后又取消原来所立的遗嘱。遗嘱的变更仅是遗嘱人部分地改变了原设立遗嘱时的意思,可以说对遗嘱的部分内容的撤销;而遗嘱的撤销时遗嘱人改变原来设立的遗嘱时全部意思,可以说是对遗嘱内容的全部变更。

根据《继承法》第二十条第一款规定:遗嘱人可以撤销、变更自己所立的遗嘱。但是遗嘱的变更和撤销也是需要一定的条件,符合一定的方式的。

遗嘱人要变更和撤销遗嘱必须具备以下几个条件,才能发生遗嘱变更或撤销的效力。首先,遗嘱人在变更和撤销遗嘱时要有遗嘱能力,也就是说遗嘱人设立遗嘱一定是完全民事行为能力人。其次,遗嘱的变更或撤销必须是立遗嘱人真实意思的表示。不能是伪造的,也不能是在受到胁迫和欺诈的情况下订立的。最后,遗嘱的变更、撤销须由遗嘱人亲自依法定方式和程序订立。

遗嘱的变更或撤销有两种方式,有明示方式和推定方式两种。明示是指遗嘱人以明确的意思表示变更、撤销遗嘱。遗嘱人明示方式变更、撤销遗嘱,须依照法律的规定设立一份新的遗嘱的方式做成。但《继承法》第二十条第三款规定:自书、代书、录音、口头遗嘱,不得变更、撤销公证遗嘱。因此对公证遗嘱的变更、撤销只能采用公证的方式。推定的方式是指遗嘱人虽未有明确的意思表示变更、撤销所立的遗嘱,但法律根据遗嘱人的行为推定遗嘱人变更、撤销了遗嘱。这种推定遗嘱是不允许当事人反证推翻的。

推定的方式主要有以下几种:(1)立有数份内容相抵触的遗嘱,推定变更、撤销遗嘱。以最后一份合法遗嘱为准。如果有公证遗嘱,以最后一份公证遗嘱为准。(2)遗嘱人生前的行为与所立遗嘱相抵触的,推定遗嘱人变更或撤销所立遗嘱。(3)遗嘱人故意销毁遗嘱的,推定遗嘱人撤销原来的遗嘱。

(二)遗嘱变更或撤销的效力。

遗嘱变更的,自变更遗嘱生效时起,以变更后的遗嘱作为立遗嘱人的真实意思表示。应该以变更后的遗嘱来确认遗嘱的有效或者无效。如果变更后的遗嘱因为各种原因归于无效,那么就应该确认遗嘱无效,按法定继承处理被继承人的财产。

遗嘱的撤销,自遗嘱撤销时起,被撤销的原遗嘱作废,以新设立的遗嘱为遗嘱人处分自己财产的真实意思表示,以新设立的遗嘱来确定遗嘱的效力和执行。遗嘱撤销后遗嘱人没有设立新的遗嘱的,视为遗嘱人未设立遗嘱,按照法定继承处理立遗嘱人的财产。

案例 1：

闫某年轻时与妻子离婚，独自抚养一双儿女。2008 年 3 月，闫某查出有肺癌，遂立下一份公证遗嘱，将大部分财产留给儿子闫甲，少部分的存款留给女儿闫乙。2010 年 8 月，闫甲因交通肇事而被判刑，闫某对其很绝望，并在病榻上当着众亲友的面将遗嘱烧毁。一个月之后闫某去世。2013 年 2 月闫甲出狱，要求按照遗嘱的内容继承遗产，闫乙强烈反对，认为是哥哥气死的父亲。而且父亲当众烧毁遗嘱就是撤销的意思表示。不同意按照遗嘱分割遗产。闫甲遂将闫乙起诉到法院。在案件的审理过程中，就闫甲是否有权依据遗嘱继承遗产有两种观点：一种认为，闫某烧毁遗嘱的行为属于变更或者撤销遗嘱的行为，发生撤销遗嘱的效力。应当按照法定继承分割闫某的遗产。第二种认为，闫某故意烧毁遗嘱的行为不能视为撤销遗嘱，闫甲仍有权依据遗嘱的内容继承遗产。

专家解析：

本案争议的焦点在于闫某烧毁该公证遗嘱文书的行为是否可以推定为变更或者撤销遗嘱的行为。

关于遗嘱的变更和撤销仅有《继承法》第二十条及《继承法意见》第三十九条规定：遗嘱人生前的行为与遗嘱的意思表示相反，而使遗嘱处分的财产在继承开始前灭失、部分灭失或所有权转移、部分转移的，遗嘱视为被撤销或者部分被撤销。对烧毁公证遗嘱是否属于撤销遗嘱的行为我国《继承法》没有明确的规定。但在学理上遗嘱变更、撤销的推定方式有遗嘱人故意销毁遗嘱或涂销遗嘱等。有疑问的是，对于公证遗嘱，如果遗嘱人采取烧毁、撕毁等方式故意销毁公证遗嘱文书的，能否发生撤销遗嘱的效力？《继承法》中对公证遗嘱特别的青睐，例如《继承法》第二十一条第三款就明文规定"自书、代书、录音、口头遗嘱,不得撤销、变更公证遗嘱"。《继承法意见》第四十二条规定:遗嘱人以不同形式立有数份内容相抵触的遗嘱,其中有公证遗嘱的,以最后所立公证遗嘱为准;没有公证遗嘱的,以最后所立的遗嘱为准。这可能是因为公证遗嘱是由国家公证机关依法进行公证,其效力明显高于与其他方式订立的遗嘱。因此,公证遗嘱在变更、撤销时也应当经过法定的程序,必须到公证处办理。

本案中,闫某还是可以通过公证的方式变更或者撤销遗嘱的。当中烧毁遗嘱不是其唯一能够做出的选择。烧毁遗嘱的行为也可以推定是闫某对儿子表示失望所作出的行为。因此最终法院还是认定公证遗嘱有效,依照遗嘱的内容分配闫某的遗产。

案例 2:

周某早年丧妻,有三个儿女分别是周甲、周乙、周丙。周甲和周乙都已经结婚,周乙在外地居住,周丙只有 14 周岁。周某与周丙最早与周甲夫妻共同生活。因此周某认为大儿子周甲对自己和周丙付出较多,便于1992 年 5 月立下自书遗嘱,决定其死后,全部遗产存款 2 万元和房屋 1套由周甲和小女儿周丙继承。但后期周甲染上赌瘾,对周某和妹妹周丙的生活不闻不问,周某和周丙被迫搬到外地与周乙夫妻共同生活,周乙夫妇对父亲照顾周到,遂周某又立下自书遗嘱,决定将其 1 万元存款留给周乙,房屋 1 套给未成年的周丙。

1998 年 8 月周某病重住进医院,正值此时,周丙离家出走,周乙对周某的病情又毫不关心,所以周某极为恼怒,在其弥留之际,当着 3 个病友的面立下口头遗嘱,将其所有遗产由周甲 1 人继承。周某去世后,周乙持其父自书遗嘱,周甲根据周某的口头遗嘱均要求继承其父遗产。

专家解析：

本案中涉及到两个自书遗嘱和一个口头遗嘱。这三个遗嘱相继产生。因此就涉及到遗嘱间的撤销或者变更的问题。

立有数份内容相抵触的遗嘱,推定变更、撤销遗嘱,以最后一份合法遗嘱为准。

遗嘱人可以撤销、变更自己所立的遗嘱,当其立有数份内容相抵触的遗嘱,推定变更或撤销前一份遗嘱。以最后一份合法遗嘱为准。说明被继承人用新的遗嘱否定和变更了原来的遗嘱,从而使内容相抵触的在先遗嘱归于无效。《继承法》第二十条第二款规定:立有数份遗嘱,内容相抵触的,以最后遗嘱为准。依据《继承法》第十七条第五款规定:遗嘱人在危急情况下,可以立口头遗嘱。口头遗嘱应当有两个以上见证人在场见证。危急情况解除后,遗嘱人能够用书面或者录音形式立遗嘱的,所立的口头遗嘱无效。

本案中,周某在三个见证人的见证下立下口头遗嘱后死亡,其口头遗嘱形式上合法。但《继承法》第十九条还规定:遗嘱应当对缺乏劳动能力又没有生活来源的继承人保留必要的遗产份额。周某的口头遗嘱剥夺了未成年的女儿周丙的遗产份额,违反了上述规定,其口头遗嘱在内容上部分无效。

因此,本案周某的遗产应依据口头遗嘱继承。当然,由于口头遗嘱部分有效,所以在分割遗产时,应当为周丙保留必要份额,其余由周甲继承。

52.附义务或条件的遗赠,当受遗赠人不履行义务, 或者限定的条件不能达成时,应该如何处理?

遗赠是指自然人以遗嘱的方式将其个人财产赠与国家,集体或者法定继承人以外的自然人,而与其死后发生法律效力的一种单方法律行为。遗赠是单方的、无偿的、要式的、死因民事法律行为。由于受遗赠人是非法定继承人,因此被遗赠人一定是出于某些原因才会将自己的遗产赠与给他人。这样就产生了附义务或条件的遗赠。根据《继承意见》第四十三条规定:附义务的遗嘱继承或遗赠,如义务能够履行,而继承人、受遗赠人无正当理由不履行,经受益人或其他继承人请求,人民法院可以取消他接受附义务那部分遗产的权利,由提出请求的继承人或受益人负责按遗嘱人的意愿履行义务,接受遗产。"因此只有义务得到履行或者条件达成后遗赠才会开始。

也就是说,对于不履行遗嘱义务的遗嘱继承人或受遗赠人,有关单位和个人可以请求人民法院取消其接受遗产的权利,并且愿意履行义务的,可接受遗产。

案例:

张某近40岁了仍然是独身。由于其种植经济作物每年都有不小的收获。积蓄了一些钱。后来与寡妇杨某结婚生育了一个儿子,起名张小某。老来得子张某非常高兴。张小某年幼打针留下后遗症不能走路,经多方治疗也没有治愈的可能,生活基本上不能自理。而杨某也于2003

因病去世,张某一人独自照顾孩子。邻居王某见张某有困难便主动来帮助他们,两家相处得非常好。张某得病去世之前立下遗赠,把自己的5间房屋和10万元存款在自己死后赠给邻居王某,而王某必须经心地照顾张小某的生活,负责治病和饮食起居等。并委托居委会的主任余某负责监督执行遗嘱,作为遗赠执行人。协议约定:"在我死亡之后为张小某治病、饮食起居等一切生活包括生养死葬全部由王某负责,无论在生活上还在治疗上都要对张小某精心照顾。如在一年之内王某对张小某照顾得比较好,张小某也比较满意可以在年底先给5千元。以后每年年底给付5千元,到10万元付完为止。5间房屋在张小某死亡之后归王某所有。"张某死后,王某并没有照顾张小某。张小某每天坐着轮椅行动非常不便。邻居瞿某觉得张小某可怜就主动去照顾他。一年过去了,王某不但没有照顾张小某反而每天找居委会主任余某要求将张某遗赠给他的财产给他。遭到余某的拒绝。三年过去了,王某仍没有照顾张小某,张小某的日常生活全部都由瞿某照顾。张小某找余某商量后,起诉到法院,要求解除遗赠。法院审理查明,王某无正当理由拒不履行张某遗赠中所附义务。现经张小某本人请求解除遗赠抚养协议,应予支持。

专家解析:

根据《继承法》第二十一条规定:遗嘱继承或遗赠附有义务的,继承人或者受遗赠人应当履行义务。没有正当理由不履行义务的,经有关单位或者个人请求,人民法院可以取消他接受遗赠的权利。在附义务的遗赠中,遗嘱继承人或者受遗赠人不能只享有继承权而不承担遗赠所设定的义务。如果受遗赠人不愿意承担遗赠中所设定的义务,就丧失了接受遗赠人遗产的权利。但是如果继承人或者受遗赠人不履行义务有正当理由,则并不影响对该部分遗产的继承权或受遗赠权。所说的正当理由主要有以下四项:其一,遗嘱所附义务或条件违反法律或者社会公共利益的;其二,履行义务或者使条件达成所需要的费用超过了继承人或者受遗赠人所取得遗产份额的价值;其三,遗嘱或遗赠中所设定的义务和条件没有任何意义的;其四,遗嘱设定的义务或者所要达到的条件根本无法履行的。

在本案中,张某在自己遗嘱中遗赠给王某的财产附有了一定的义务,即要求王某照顾张小某的生活起居,生养死葬。这种遗赠就是附有义务的遗赠或者附条件的遗赠。当王某无正当理由不履行义务时,人民法院经有关单位或者个人的请求,可以取消他接受遗产的权利。因此法院所做的判决是符合法律规定的。

53.发生遗产继承纠纷应当向哪个法院起诉?

在民事诉讼中绝大部分案件都可以向被告住所地的人民法院起诉,当事人之间也可以约定管辖法院。但是像遗产继承案件就不能按照一般的民事案件的规定管辖,依据法律的明确规定必须到指定的法院进行诉讼。

《中华人民共和国民事诉讼法》第三十三条规定:下列案件,由本条规定的人民法院专属管辖:(一)因不动产纠纷提起的诉讼,由不动产所在地人民法院管辖;(二)因港口作业中发生纠纷提起的诉讼,由港口所在地人民法院管辖；(三)因继承遗产纠纷提起的诉讼,由被继承人死亡时住所地或者主要遗产所在地人民法院管辖。

案例：

黄某某和李某婚后生有两个儿子,一同住在某某市某某区建设街安达小区4栋2单元一个三居室里。后因为黄某某工作调动,全家搬到二道区花园街居住,并将原有房屋出租。这样一住就是十年,后两个儿子相继各自买房结婚。黄某某决定要把安达小区的三居室卖掉,于是去建设街安达小区收拾物品,突发心脏病死于安达小区。李某由于丈夫去世受不了打击,也于黄某某去世后不久在二道区的家中离开了人世。夫妻俩生前留有安达小区120平房屋一间,二道区花园街98平房屋一间,和18万元银行存款以及家具和家用电器若干。现两个儿子因为遗产继承发生纠纷,大儿子欲起诉到法院,可是不知道哪个区的法院有管辖权。

专家解析：

从《中华人民共和国民事诉讼法》第三十三条我们可以知道,继承诉讼中起诉应当到被继承人死亡时住所地或者主要遗产所在地法院,如果涉及到继承房屋问题应当到此处房屋所在地法院起诉。法院这么规定是考虑到被继承人生前可能有不同的住所,比如一个是户籍所在地,一个是经常居住地；其财产也可能置于不同的地方,比如房产在上海,存款在北京,家具、电器等日常用品在另一个城市。为了便于确定继承开始的时间、继承人与被继承人生前的关系、遗产的范围和分配等问题,使继承遗产的纠纷得到正确解决,《民事诉讼法》规定:因继承遗产纠纷提起的诉讼，由被继承人死亡时住所地或者主要遗产所在地人民法院专属管辖。也就是说，被继承人无论有几个住所，被继承人在哪个住所内死亡，该住所地的法院对继承纠纷就有管辖权。主要遗产所在地，应当根据不同的情况确定，比如，主要是对存款的继承发生纠纷，存款地应为主要遗产地，存款在不同的地方的，数量最多的存款地为主要遗产所在地；如果是对家具、家用电器等动产继承发生纠纷，这些财产的相对集中的放置地为主要遗产地。

根据民事诉讼法关于专属管辖的规定，如果继承纠纷涉及的是房屋等不动产，只能在不动产所在地法院提起继承的诉讼。如果有数个法院对继承纠纷有管辖权，当事人可以在数个有管辖权的法院选择其中一个提起诉讼。

54.继承诉讼中原被告如何确定?

由于遗产继承诉讼中涉及到的继承人不止两个，可能有多个继承人的情况发生。因此有许多当事人在起诉时不知如何确定被告。有的时候起诉到法院的时候往往仅将对自己不满的那个人列为被告人。针对这个问题，1985 年最高人民法院《关于贯彻执行〈中华人民共和国继承法〉若干问题的意见》作出了明确的规定(以下简称《继承法意见》)。

《继承法意见》第六十条规定:继承诉讼开始后,如继承人、受遗赠人中有既不愿参加诉讼，又不表示放弃实体权利的，应追加为共同原告;已明确表示放弃继承的，不再列为当事人。

最高人民法院《关于适用〈中华人民共和国民事诉讼法〉若干问题的意见》的第五十四、五十七、五十八条中也有在继承诉讼中关于原被告如何确定的具体规定。规定如下:第五十四条:在继承遗产的诉讼中，部分继承人起诉的，人民法院应通知其他继承人作为共同原告参加诉讼;被通知的继承人不愿意参加诉讼又未明确表示放弃实体权利的，人民法院仍应把其列为共同原告。第五十七条:必须共同进行诉讼的当事人没有参加诉讼的，人民法院应当依照民事诉讼法第一百一十九条的规定，通知其参加;当事人也可以向人民法院申请追加。人民法院对当事人提出的申请，应当进行审查，申请无理的，裁定驳回;申请有理的，书面通知被追加的当事人参加诉讼。第五十八条:人民法院追加共同诉讼的当事人时，应通知其他当事人。应当追加的原告，已明确表示放弃实体权利的，可不予追加;既不愿意参加诉讼，又不放弃实体权利的，仍追加为共同原告，其不参加诉讼，不影响人民法院对案件的审理和依法作出判决。

由此可见，如果只有部分继承人参加诉讼，法院会追加其他继承人作为共同原告，其他诉讼当事人也可以申请追加自己为原告。如果其他继承人不愿做原告又不愿做被告的，只能选择放弃继承权或者被法院追加为原告。其他继承人既不参加诉讼也不表示放弃继承权，人民法院将缺席审理并依法作出判决。

案例:

李大的父亲去世后，李大的母亲一直都是由李大、李二、李三共同赡养的,李四对母亲一直不闻不问。因此母亲立有自书遗嘱将夫妻二人共有的一套房子留给李大、李二、李三各三分之一。李四对其死后遗产不享有继承权。李母去世后除一套房子之外没有任何遗产。李母去世后不久李四就搬进了该套房子,现李大要求按照母亲的遗嘱继承该套房屋,李四拒绝搬出。因此李大将李四列为被告诉至法院要求按遗嘱分配母亲留下的房屋。

专家解析:

本案相当复杂,李大起诉后,法院会依法将李二和李三列为共同原告参加到诉讼中来。这样才可以进行实体审理。

本案中有关遗产应当分为两个部分。第一部分,李父死后房屋的一半应当作为李父的遗产,按照法定继承进行分割,但李父死后没有析产,没有进行分配。所以第一步应当对李父的房屋先继承,按照法定继承,李母、李大、李二、李三、李四各占一半房屋的五分之一。也就是整个房屋的十分之一。李母在继承李父的遗产之后共享有此处房屋的 3/5。在李母死后,李大、李二和李三可以按照母亲的遗嘱继承母亲此处房产的份额。而李四不能继承李母的遗产。经过这两步之后李大、李二和李三可以获得此处房子的 3/10。李四由于无权继承母亲的遗产,所以仅获得此处房屋的 1/10。

这个案例中,如果法院不追加李二和李三为本案的原告,将遗漏诉讼参与人,造成的结果就是,李二和李三又会分别提起诉讼造成诉讼资源不必要的浪费。因此在诉讼中确定好原被告是十分必要的。

55.继承诉讼中如何举证？

在举证责任分配上，民事诉讼中遵循的是"谁主张，谁举证"，在继承诉讼中可能出现的几个举证问题：

（1）对原被告双方是否为法定继承人这个问题上，原告主张是自己是法定继承人，要求继承遗产，则应当由原告承担举证责任.

（2）原被告双方有一方提出对方实施了《继承法》第七条规定的导致丧失继承权行为发生争执的，应当由提出主张的一方承担举证责任。

（3）原被告双方有一方提出对方曾经表示过放弃继承权，根据举证原则应当由提出方承担举证责任。

当然，放弃继承权后，在遗产处理前或者诉讼进行中，放弃的一方只要有正当的理由，法律允许继承人反悔，但放弃继承权的人应当对其提出的正当理由负举证责任。

（4）《继承法》规定丧偶儿媳对公、婆，丧偶女婿对岳父、岳母尽到主要赡养义务的，丧偶儿媳或女婿可以作为第一顺序法定继承人参加继承。由此发生争执时，应当由丧偶儿媳或女婿对尽了主要赡养义务的事实负举证责任。

（5）在遗嘱继承诉讼中，主张遗嘱继承的一方当事人需要证明所主张的遗嘱的确是存在的，并且在形式上是符合法律要求的就可以了。

如果因为自书遗嘱是否为伪造而发生争执时，主张遗嘱继承一方应对遗嘱是遗嘱人亲笔书写、签名负举证责任;对录音遗嘱的真实性发生争执时,主张遗嘱继承一方应提出两个以上的见证人;对代书遗嘱的真伪发生争执的时候,主张遗嘱继承的一方应当提出两个以上的见证人,和一位代书人符合法律规定。

(6)一份形式上合法的遗嘱得到证明后,如果另一方当事人对立遗嘱人的行为能力、遗嘱人意思表示的真实性提出争执,应由另一方当事人对遗嘱人无行为能力,遗嘱是受胁迫、受欺骗所立负举证责任。另外,如果另一方当事人主张遗嘱已被篡改,他就应对篡改遗嘱的事实负举证责任。

(7)主张自己应当受到照顾或者可以多分的当事人,应对据以多分的事实,负举证责任。如自己既无劳动能力又无生活来源,自己尽了主要扶养义务等负举证责任等。或者主张对方应当不分或者少分遗产的当事人,应当对作为不分或少分依据的事实负举证责任。

(8)原被告如果主张对方故意隐匿、侵吞、争抢遗产或者对方有虐待被继承人的行为,应当由主张一方负举证责任。

(9)一方当事人主张对方有扶养能力和扶养条件,但不尽扶养义务,举证责任就不宜由该当事人负担。否认这一事实,主张自己尽了扶养义务或者自己确实没有能力、没有条件尽扶养义务的对方当事人,应对所主张的事实负举证责任。

此外,继承人以外的人要求分得遗产时,应对自己对被继人扶养较多或者自己是靠被继承人抚养的既无劳动能力又无生活来源的事实负举证责任。

以此类推,哪一方主张权利,哪一方就应当举出相应的证据,来印证自己主张的事实。

案例：

李某有两个儿子，大儿子先于李某去世。李某去世前曾经立有见证遗嘱一份，遗嘱内容是将自有房屋分给大儿子的女儿小兰所有。李某还有一个 18 万元的存折存放在小儿子余某手里。现李某去世，余某否认李某的存折由其保管。小兰提起诉讼要求按照遗嘱继承房产，并按照法定继承分割余某手中的 18 万元的存款。问小兰应对哪些事项负举证责任？

专家解析：

根据小兰的诉讼请求，应具备如下几点：

第一，小兰要对自己是否属于被继承人李某合法的代位继承人负举证责任。

应提交的证据有：本人的户籍证明、身份证、派出所出具的其与李某大儿子是父女关系的证明、李某大儿子死亡证明。

第二，小兰是否能够继承李某的房产负举证责任。

应提交的证据有：李某房屋的所有权证明（确定是李某的个人财产）、遗嘱。

第三，李某是否有 18 万元存款。

应提交的证据有：首先应调查李某是否有 18 万的存款，如果银行记录中李某名下没有这笔存款而余某名下有，那么就需要证明余某名下 18 万的存款应该属于李某所有的才可以。

在我国，举证责任通常有以下几个含义：1.当事人对自己主张的事实应提供证据；2.当事人所提供的证据应当能够证明其主张的事实具有真实性；3.当事人不能对其主张提供证据，或提供的证据不能证明其主张具有真实性时,可能承担对其不利的裁判。

因此,本案中小兰要想在本案中占据主动和优势地位,自己就要积极主动地去收集对己有利的证据材料,千万不可疏忽大意甚至有所依赖、听之任之,否则将承担不利的裁判。

56.继承诉讼中应注意哪些相关的时间问题?

在继承中我们需要注意两个问题,其一,何为继承的开始以及继承的开始在继承法中的作用。其二,两年诉讼时效和20年追诉期分别从何时起算,以及意味的法律意义。(一)继承开始的含义及其在继承法中的作用继承开始是指继承法律关系的发生。只有继承开始继承人才能参与继承的法律关系,享有和行驶继承权。继承什么时候开始,由什么引起呢?依据《继承法》第二条规定:继承从被继承人死亡时开始。《继承法意见》第一条规定:继承从被继承人生理死亡或宣告死亡时开始。那么生理死亡时间如何确定呢? 在诉讼实践中一般以医院出具的死亡证书为准,如果没有死亡证明则应当以户籍登记为准。继承人对被继承人的死亡时间有争议的,应当以人民法院查证的时间为准。

宣告死亡时间的又如何确定?宣告死亡是指经利害关系人申请,由人民法院宣告下落不明满法定期间的自然人为死亡的制度。根据《(民法通则)意见》第三十六条的规定:被宣告死亡的人,判决宣告之日为其死亡的日期。判决书除发给申请人外,还应当在被宣告死亡的人住所地和人民法院所在地公告。被宣告死亡和自然死亡的时间不一致的,被宣告死亡所引起的法律后果仍然有效,但自然死亡前实施的民事法律行为与被宣告死亡引起的法律后果相抵触的,则以其实施的民事法律行为为准。

(二)两年诉讼时效和20年追诉期分别从何时起算。

《继承法》第八条规定:继承权纠纷提起诉讼的期限为两年,自继承人知道或者应当知道其权利被侵犯之日起计算。但是,自继承开始之日起超过20年的,不得再提起诉讼。由此可知继承开始是确定继承权保护20年期间的起算点。继承人享有继承权回复请求权,在其继承权收到侵害时,可以行使该请求权,请求人民法院保护。但是,自继承开始之日起超过20年的,不得再提起诉讼。两年的诉讼时效是指,在知道或者应当知道自己的继承权受到侵害之日起两年内且在继承开始20年内可以向相关继承人或遗产管理人提起诉讼,请求法院保护其继承权。需要注意的是《继承法意见》第十八条:自继承开始之日起的第18年至第20年期间内,继承人才知道自己的权利被侵犯的,其提起诉讼的权利,应当在继承开始之日起的20年之内行使,超过20年的,不得再行提起诉讼。不难看出,这两年期限从何起算都不得对抗20年的时效。

案例:

李某于1980年离婚,婚后育有一男孩李一,孩子由母亲兰某某抚养,离婚后李某和兰某某没有任何联系。出于爱子之心李某的母亲刘某为李某购置了一套住房,但由于身体原因李某于1990年9月1日去世。李某去世后,李某的母亲刘某一直联系不到李某的前妻无法通知,也就无法联系到第一顺序继承人的李一,无法进行遗产分割。因此一直由李某的母亲刘某管理和使用。2009 年初李某的儿子李一回来寻找父亲得知父亲已经于 1990 年去世,后要求分割父亲的遗产。现问李一是否还能向法院起诉要求分割父亲的遗产?其诉讼时效是多长时间?

专家解析:

李某于 1990 年去世,从李某去世之日起继承开始。法律保护李一的继承权直至 2010 年 9 月 1 日。现李某于 2009 年初知道父亲过世的消息,虽然按照诉讼时效的有关规定继承人应当在知道或者应当知道其权利被侵犯之日起二年内提起民事诉讼,但依据《继承法意见》第十八条规定:自继承开始之日起的第 18 年至第 20 年期间内,继承人才知道自己的权利被侵犯的,其提起诉讼的权利,应当在继承开始之日起的 20 年之内行使,超过 20 年的,不得再行提起诉讼。"因此,李一必须在 2010 年 9 月 1 日前提起要求继承父亲遗产的诉讼,否则李一的合法权益将不会得到保护。

附录：

中华人民共和国继承法

（1985 年 4 月 10 日中华人民共和国主席令第 24 号公布自 1985 年 10 月 1 日起实行）

目录

第一章 总 则

第一条 根据《中华人民共和国宪法》规定，为保护公民的私有财产的继承权，制定本法。

第二条 继承从被继承人死亡时开始。

第三条 遗产是公民死亡时遗留的个人合法财产，包括：

(一)公民的收入;

(二)公民的房屋、储蓄和生活用品;

(三)公民的林木、牲畜和家禽;

(四)公民的文物、图书资料;

(五)法律允许公民所有的生产资料;

(六)公民的著作权、专利权中的财产权利;

(七)公民的其他合法财产。

第四条 个人承包应得的个人收益,依照本法规定继承。个人承包,依照法律允许由继承人继续承包的,按照承包合同办理。

第五条 继承开始后,按照法定继承办理;有遗嘱的,按照遗嘱继承或者遗赠办理;有遗赠扶养协议的,按照协议办理。

第六条 无行为能力人的继承权、受遗赠权,由他的法定代理人代为行使。

限制行为能力人的继承权、受遗赠权,由他的法定代理人代为行使,或者征得法定代理人同意后行使。

第七条 继承人有下列行为之一的,丧失继承权:

(一)故意杀害被继承人的;

(二)为争夺遗产而杀害其他继承人的;

(三)遗弃被继承人的,或者虐待被继承人情节严重的;

(四)伪造、篡改或者销毁遗嘱,情节严重的。

第八条 继承权纠纷提起诉讼的期限为二年,自继承人知道或者应当知道其权利被侵犯之日起计算。但是,自继承开始之日起超过二十年的,不得再提起诉讼。

第二章　法定继承

第九条　继承权男女平等。

第十条　遗产按照下列顺序继承:

第一顺序:配偶、子女、父母。

第二顺序:兄弟姐妹、祖父母、外祖父母。

继承开始后,由第一顺序继承人继承,第二顺序继承人不继承。没有第一顺序继承人继承的,由第二顺序继承人继承。

本法所说的子女,包括婚生子女、非婚生子女、养子女和有扶养关系的继子女。

本法所说的父母,包括生父母、养父母和有扶养关系的继父母。

本法所说的兄弟姐妹,包括同父母的兄弟姐妹、同父异母或者同母异父的兄弟姐妹、养兄弟姐妹、有扶养关系的继兄弟姐妹。

第十一条　被继承人的子女先于被继承人死亡的,由被继承人的子女的晚辈直系血亲代位继承。代位继承人一般只能继承他的父亲或者母亲有权继承的遗产份额。

第十二条　丧偶儿媳对公、婆,丧偶女婿对岳父、岳母,尽了主要赡养义务的,作为第一顺序继承人。

第十三条　同一顺序继承人继承遗产的份额,一般应当均等。

对生活有特殊困难的缺乏劳动能力的继承人,分配遗产时,应当予以照顾。

对被继承人尽了主要扶养义务或者与被继承人共同生活的继承人,分配遗产时,可以多分。

有扶养能力和有扶养条件的继承人，不尽扶养义务的，分配遗产时，应当不分或者少分。继承人协商同意的，也可以不均等。

第十四条　对继承人以外的依靠被继承人扶养的缺乏劳动能力又没有生活来源的人，或者继承人以外的对被继承人扶养较多的人，可以分配给他们适当的遗产。

第十五条　继承人应当本着互谅互让、和睦团结的精神，协商处理继承问题。遗产分割的时间、办法和份额，由继承人协商确定。协商不成的，可以由人民调解委员会调解或者向人民法院提起诉讼。

第三章　遗嘱继承和遗赠

第十六条　公民可以依照本法规定立遗嘱处分个人财产，并可以指定遗嘱执行人。

公民可以立遗嘱将个人财产指定由法定继承人的一人或者数人继承。

公民可以立遗嘱将个人财产赠给国家、集体或者法定继承人以外的人。

第十七条　公证遗嘱由遗嘱人经公证机关办理。

自书遗嘱由遗嘱人亲笔书写，签名，注明年、月、日。

代书遗嘱应当有两个以上见证人在场见证，由其中一人代书，注明年、月、日，并由代书人、其他见证人和遗嘱人签名。

以录音形式立的遗嘱，应当有两个以上见证人在场见证。

遗嘱人在危急情况下，可以立口头遗嘱。口头遗嘱应当有两个以上见证人在场见证。危急情况解除后，遗嘱人能够用书面或者录音形式立遗嘱的,所立的口头遗嘱无效。

第十八条　下列人员不能作为遗嘱见证人:

(一)无行为能力人、限制行为能力人;

(二)继承人、受遗赠人;

(三)与继承人、受遗赠人有利害关系的人。

第十九条　遗嘱应当对缺乏劳动能力又没有生活来源的继承人保留必要的遗产份额。

第二十条　遗嘱人可以撤销、变更自己所立的遗嘱。

立有数份遗嘱,内容相抵触的,以最后的遗嘱为准。

自书、代书、录音、口头遗嘱,不得撤销、变更公证遗嘱。

第二十一条　遗嘱继承或者遗赠附有义务的,继承人或者受遗赠人应当履行义务。没有正当理由不履行义务的,经有关单位或者个人请求,人民法院可以取消他接受遗产的权利。

第二十二条　无行为能力人或者限制行为能力人所立的遗嘱无效。

遗嘱必须表示遗嘱人的真实意思,受胁迫、欺骗所立的遗嘱无效。

伪造的遗嘱无效。

遗嘱被篡改的,篡改的内容无效。

第四章　遗产的处理

第二十三条　继承开始后,知道被继承人死亡的继承人应当及时通知其他继承人和遗嘱执行人。继承人中无人知道被继承人死亡或者知道被继承人死亡而不能通知的,由被继承人生前所在单位或者住所地的居民委员会、村民委员会负责通知。

第二十四条　存有遗产的人,应当妥善保管遗产,任何人不得侵吞或者争抢。

第二十五条　继承开始后,继承人放弃继承的,应当在遗产处理前,作出放弃继承的表示。没有表示的,视为接受继承。

受遗赠人应当在知道受遗赠后两个月内,作出接受或者放弃受遗赠的表示。到期没有表示的,视为放弃受遗赠。

第二十六条　夫妻在婚姻关系存续期间所得的共同所有的财产,除有约定的以外,如果分割遗产,应当先将共同所有的财产的一半分出为配偶所有,其余的为被继承人的遗产。

遗产在家庭共有财产之中的,遗产分割时,应当先分出他人的财产。

第二十七条　有下列情形之一的,遗产中的有关部分按照法定继承办理:

(一)遗嘱继承人放弃继承或者受遗赠人放弃受遗赠的;

(二)遗嘱继承人丧失继承权的;

(三)遗嘱继承人、受遗赠人先于遗嘱人死亡的;

(四)遗嘱无效部分所涉及的遗产;

(五)遗嘱未处分的遗产。

第二十八条　遗产分割时,应当保留胎儿的继承份额。胎儿出生时是死体的,保留的份额按照法定继承办理。

第二十九条　遗产分割应当有利于生产和生活需要,不损害遗产的效用。

不宜分割的遗产,可以采取折价、适当补偿或者共有等方法处理。

第三十条 夫妻一方死亡后另一方再婚的，有权处分所继承的财产，任何人不得干涉。

第三十一条 公民可以与扶养人签订遗赠扶养协议。按照协议，扶养人承担该公民生养死葬的义务，享有受遗赠的权利。

公民可以与集体所有制组织签订遗赠扶养协议。按照协议，集体所有制组织承担该公民生养死葬的义务，享有受遗赠的权利。

第三十二条 无人继承又无人受遗赠的遗产，归国家所有；死者生前是集体所有制组织成员的，归所在集体所有制组织所有。

第三十三条 继承遗产应当清偿被继承人依法应当缴纳的税款和债务，缴纳税款和清偿债务以他的遗产实际价值为限。超过遗产实际价值部分，继承人自愿偿还的不在此限。

继承人放弃继承的，对被继承人依法应当缴纳的税款和债务可以不负偿还责任。

第三十四条 执行遗赠不得妨碍清偿遗赠人依法应当缴纳的税款和债务。

第五章　附　则

第三十五条 民族自治地方的人民代表大会可以根据本法的原则，结合当地民族财产继承的具体情况，制定变通的或者补充的规定。自治区的规定，报全国人民代表大会常务委员会备案。自治州、自治县的规定，报省或者自治区的人民代表大会常务委员会批准后生效，并报全国人民代表大会常务委员会备案。

第三十六条 中国公民继承在中华人民共和国境外的遗产或者继

承在中华人民共和国境内的外国人的遗产，动产适用被继承人住所地法律,不动产适用不动产所在地法律。

外国人继承在中华人民共和国境内的遗产或者继承在中华人民共和国境外的中国公民的遗产,动产适用被继承人住所地法律,不动产适用不动产所在地法律。

中华人民共和国与外国订有条约、协定的,按照条约、协定办理。

第三十七条 本法自一九八五年十月一日起施行

最高人民法院关于贯彻执行《中华人民共和国继承法》若干问题的意见

（1985年9月11日，最高人民法院发布法（民）发〔1985〕22号）

第六届全国人民代表大会第三次会议通过的《中华人民共和国继承法》，是我国公民处理继承问题的准则，是人民法院正确、及时审理继承案件的依据。人民法院贯彻执行继承法，要根据社会主义的法制原则，坚持继承权男女平等，贯彻互相扶助和权利义务相一致的精神，依法保护公民的私有财产的继承权。

为了正确贯彻执行继承法，我们根据继承法的有关规定和审判实践经验，对审理继承案件中具体适用继承法的一些问题，提出以下意见，供各级人民法院在审理继承案件时试行。

一、关于总则部分

1.继承从被继承人生理死亡或被宣告死亡时开始。

失踪人被宣告死亡的，以法院判决中确定的失踪人的死亡日期，为继承开始的时间。

2.相互有继承关系的几个人在同一事件中死亡，如不能确定死亡先后时间的，推定没有继承人的人先死亡。死亡人各自都有继承人的，如几个死亡人辈分不同，推定长辈先死亡；几个死亡人辈分相同，推定同时死亡，彼此不发生继承，由他们各自的继承人分别继承。

3.公民可继承的其他合法财产包括有价证券和履行标的为财物的

债权等。

4.承包人死亡时尚未取得承包收益的,可把死者生前对承包所投入的资金和所付出的劳动及其增值和孳息,由发包单位或者接续承包合同的人合理折价、补偿,其价额作为遗产。

5.被继承人生前与他人订有遗赠扶养协议,同时又立有遗嘱的,继承开始后,如果遗赠扶养协议与遗嘱没有抵触,遗产分别按协议和遗嘱处理;如果有抵触,按协议处理,与协议抵触的遗嘱全部或部分无效。

6.遗嘱继承人依遗嘱取得遗产后,仍有权依继承法第十三条的规定取得遗嘱未处分的遗产。

7.不满六周岁的儿童、精神病患者,可以认定其为无行为能力人。已满六周岁,不满十八周岁的未成年人,应当认定其为限制行为能力人。

8.法定代理人代理被代理人行使继承权、受遗赠权,不得损害被代理人的利益。法定代理人一般不能代理被代理人放弃继承权、受遗赠权。明显损害被代理人利益的,应认定其代理行为无效。

9.在遗产继承中,继承人之间因是否丧失继承权发生纠纷,诉讼到人民法院的,由人民法院根据继承法第七条的规定,判决确认其是否丧失继承权。

10.继承人虐待被继承人情节是否严重,可以从实施虐待行为的时间、手段、后果和社会影响等方面认定。

虐待被继承人情节严重的,不论是否追究刑事责任,均可确认其丧失继承权。

11.继承人故意杀害被继承人的,不论是既遂还是未遂,均应确认其丧失继承权。

12.继承人有继承法第七条第(一)项或第(二)项所列之行为,而被继承人以遗嘱将遗产指定由该继承人继承的,可确认遗嘱无效,并按继承法第七条的规定处理。

13.继承人虐待被继承人情节严重的,或者遗弃被继承人的,如以后确有悔改表现,而且被虐待人、被遗弃人生前又表示宽恕,可不确认其丧失继承权。

14.继承人伪造、篡改或者销毁遗嘱,侵害了缺乏劳动能力又无生活来源的继承人的利益,并造成其生活困难的,应认定其行为情节严重。

15.在诉讼时效期间内,因不可抗拒的事由致继承人无法主张继承权利的,人民法院可按中止诉讼时效处理。

16.继承人在知道自己的权利受到侵犯之日起的二年之内,其遗产继承权纠纷确在人民调解委员会进行调解期间,可按中止诉讼时效处理。

17.继承人因遗产继承纠纷向人民法院提起诉讼,诉讼时效即为中断。

18.自继承开始之日起的第18年后至第20年期间内,继承人才知道自己的权利被侵犯的,其提起诉讼的权利,应当在继承开始之日起的20年之内行使,超过20年的,不得再行提起诉讼。

二、关于法定继承部分

19. 被收养人对养父母尽了赡养义务,同时又对生父母扶养较多的,除可依继承法第十条的规定继承养父母的遗产外,还可依继承法第十四条的规定分得生父母的适当的遗产。

20.在旧社会形成的一夫多妻家庭中,子女与生母以外的父亲的其他配偶之间形成扶养关系的,互有继承权。

21.继子女继承了继父母遗产的,不影响其继承生父母的遗产。

继父母继承了继子女遗产的,不影响其继承生子女的遗产。

22.收养他人为养孙子女,视为养父母与养子女的关系的,可互为第一顺序继承人。

23.养子女与生子女之间、养子女与养子女之间,系养兄弟姐妹,可互为第二顺序继承人。

被收养人与其亲兄弟姐妹之间的权利义务关系,因收养关系的成立而消除,不能互为第二顺序继承人。

24.继兄弟姐妹之间的继承权,因继兄弟姐妹之间的扶养关系而发生。没有扶养关系的,不能互为第二顺序继承人。

继兄弟姐妹之间相互继承了遗产的,不影响其继承亲兄弟姐妹的遗产。

25.被继承人的孙子女、外孙子女、曾孙子女、外曾孙子女都可以代位继承,代位继承人不受辈数的限制。

26.被继承人的养子女、已形成扶养关系的继子女的生子女可代位继承;被继承人亲生子女的养子女可代位继承;被继承人养子女的养子女可代位继承;与被继承人已形成扶养关系的继子女的养子女也可以代位继承。

27.代位继承人缺乏劳动能力又没有生活来源,或者对被继承人尽过主要赡养义务的,分配遗产时,可以多分。

28.继承人丧失继承权的,其晚辈直系血亲不得代位继承。如该代位继承人缺乏劳动能力又没有生活来源,或对被继承人尽赡养义务较多的,可适当分给遗产。

29.丧偶儿媳对公婆、丧偶女婿对岳父、岳母,无论其是否再婚,依继承法第十二条规定作为第一顺序继承人时,不影响其子女代位继承。

30.对被继承人生活提供了主要经济来源,或在劳务等方面给予了主要扶助的,应当认定其尽了主要赡养义务或主要扶养义务。

31.依继承法第十四条规定可以分给适当遗产的人,分给他们遗产时,按具体情况可多于或少于继承人。

32.依继承法第十四条规定可以分给适当遗产的人,在其依法取得被继承人遗产的权利受到侵犯时,本人有权以独立的诉讼主体的资格向人民法院提起诉讼。但在遗产分割时,明知而未提出请求的,一般不予受理;不知而未提出请求,在二年以内起诉的,应予受理。

33.继承人有扶养能力和扶养条件,愿意尽扶养义务,但被继承人因有固定收入和劳动能力,明确表示不要求扶养养的,分配遗产时,一般不应因此而影响其继承份额。

34.有扶养能力和扶养条件的继承人虽然与被继承人共同生活,但对需要抚养的被继承人不尽扶养义务,分配遗产时,可以少分或者不分。

三、关于遗嘱继承部分

35.继承法实施前订立的,形式上稍有欠缺的遗嘱,如内容合法,又有充分证据证明确为遗嘱人真实意思表示的,可以认定遗嘱有效。

36.继承人、受遗赠人的债权人、债务人,共同经营的合伙人,也应当视为与继承人、受遗赠人有利害关系,不能作为遗嘱的见证人。

37. 遗嘱人未保留缺乏劳动能力又没有生活来源的继承人的遗产

份额,遗产处理时,应当为该继承人留下必要的遗产,所剩余的部分,才可参照遗嘱确定的分配原则处理。

继承人是否缺乏劳动能力又没有生活来源,应按遗嘱生效时该继承人的具体情况确定。38.遗嘱人以遗嘱处分了属于国家、集体或他人所有的财产,遗嘱的这部分,应认定无效。

39.遗嘱人生前的行为与遗嘱的意思表示相反,而使遗嘱处分的财产在继承开始前灭失,部分灭失或所有权转移、部分转移的,遗嘱视为被撤销或部分被撤销。

40.公民在遗书中涉及死后个人财产处分的内容,确为死者真实意思的表示,有本人签名并注明了年、月、日,又无相反证据的,可按自书遗嘱对待。

41.遗嘱人立遗嘱时必须有行为能力。无行为能力人所立的遗嘱,即使其本人后来有了行为能力,仍属无效遗嘱。遗嘱人立遗嘱时有行为能力,后来丧失了行为能力,不影响遗嘱的效力。

42.遗嘱人以不同形式立有数份内容相抵触的遗嘱,其中有公证遗嘱的,以最后所立公证遗嘱为准;没有公证遗嘱的,以最后所立的遗嘱为准。

43.附义务的遗嘱继承或遗赠,如义务能够履行,而继承人、受遗赠人无正当理由不履行,经受益人或其他继承人请求,人民法院可以取消他接受附义务那部分遗产的权利,由提出请示的继承人或受益人负责按遗嘱人的意愿履行义务,接受遗产。

四、关于遗产的处理部分

44.人民法院在审理继承案件时,如果知道有继承人而无法通知的,分割遗产时,要保留其应继承的遗产,并确定该遗产的保管人或保管单位。

45. 应当为胎儿保留的遗产份额没有保留的应从继承人所继承的遗产中扣回。

为胎儿保留的遗产份额,如胎儿出生后死亡的,由其继承人继承;如胎儿出生时就是死体的,由被继承人的继承人继承。

46.继承人因放弃继承权,致其不能履行法定义务的,放弃继承权的行为无效。

47.继承人放弃继承应当以书面形式向其他继承人表示。用口头方式表示放弃继承,本人承认,或有其他充分证据证明的,也应当认定其有效。

48.在诉讼中,继承人向人民法院以口头方式表示放弃继承的,要制作笔录,由放弃继承的人签名。

49.继承人放弃继承的意思表示,应当在继承开始后、遗产分割前作出。遗产分割后表示放弃的不再是继承权,而是所有权。

50.遗产处理前或在诉讼进行中,继承人对放弃继承翻悔的,由人民法院根据其提出的具体理由,决定是否承认。遗产处理后,继承人对放弃继承翻悔的,不予承认。

51.放弃继承的效力,追溯到继承开始的时间。

52.继承开始后,继承人没有表示放弃继承,并于遗产分割前死亡的,其继承遗产的权利转移给他的合法继承人。

53.继承开始后,受遗赠人表示接受遗赠,并于遗产分割前死亡的,其接受遗赠的权利转移给他的继承人。

54. 由国家或集体组织供给生活费用的烈属和享受社会救济的城

市居民,其遗产仍应准许合法继承人继承。

55.集体组织对"五保户"实行"五保"时,双方有扶养协议的,按协议处理;没有扶养协议,死者有遗嘱继承人或法定继承人要求继承的,按遗嘱继承或法定继承处理,但集体组织有权要求扣回"五保"费用。

56.扶养人或集体组织与公民订有遗赠扶养协议,扶养人或集体组织无正当理由不履行,致协议解除的,不能享有受遗赠的权利,其支付的供养费用一般不予补偿;遗赠人无正当理由不履行,致协议解除的,则应偿还扶养人或集体组织已支付的供养费用。

57.遗产因无人继承收归国家或集体组织所有时,按继承法第十四条规定可以分给遗产的人提出取得遗产的要求,人民法院应视情况适当分给遗产。

58.人民法院在分割遗产中的房屋、生产资料和特定职业所需要的财产时,应依据有利于发挥其使用效益和继承人的实际需要,兼顾各继承人的利益进行处理。

59.人民法院对故意隐匿、侵吞或争抢遗产的继承人,可以酌情减少其应继承的遗产。

60.继承诉讼开始后,如继承人、受遗赠人中有既不愿参加诉讼,又不表示放弃实体权利的,应追加为共同原告;已明确表示放弃继承的,不再列为当事人。

61.继承人中有缺乏劳动能力又没有生活来源的人,即使遗产不足清偿债务,也应为其保留适当遗产,然后再按继承法第三十三条和民事诉讼法第一百八十条的规定清偿债务。

62.遗产已被分割而未清偿债务时,如有法定继承又有遗嘱继承和遗赠的,首先由法定继承人用其所得遗产清偿债务;不足清偿时,剩余的债务由遗嘱继承人和受遗赠人按比例用所得遗产偿还;如果只有遗嘱继承和遗赠的,由遗嘱继承人和受遗赠人按比例用所得遗产偿还。

五、关于附则部分

63.涉外继承,遗产为动产的,适用被继承人住所地法律,即适用被继承人生前最后住所地国家的法律。

64.继承法施行前,人民法院已经审结的继承案件,继承法施行后,按审判监督程序提起再审的,适用审结时的有关政策、法律。

人民法院对继承法生效前已经受理、生效时尚未审结的继承案件,适用继承法。但不得再以超过诉讼时效为由驳回起诉。